U1019782

21世纪中等职业教育系列教材

主题班会实践读本

主　审：梁　宏

主　编：张　瞻　贺成军

副主编：解生杰　雷　娅

参　编：梁晶晶　马　蓉　王一迤　罗永艳
邹　伟　徐　迎　吕正伟　胡庭婷
郎俊平　曾　淇　宗挺升　骆　杨
谢建军　李纯波　何泽锋

绘　图：李　娴　蔡　心　陈　珉

SWUPG 西南大学出版社
国家一级出版社　全国百佳图书出版单位

图书在版编目(CIP)数据

主题班会实践读本 / 张瞻，贺成军主编. —重庆：西南师范大学出版社，2019.8(2025.9重印)
ISBN 978-7-5621-9895-6

Ⅰ. ①主… Ⅱ. ①张… ②贺… Ⅲ. ①中小学-班主任工作②班会-中小学 Ⅳ. ①G635.16②G635.5

中国版本图书馆CIP数据核字(2019)第154343号

主题班会实践读本

ZHUTI BANHUI SHIJIAN DUBEN

主　编:张　瞻　贺成军

责任编辑:熊家艳
责任校对:时曼卿
书籍设计:起源
排　　版:陈智慧
出版发行:西南大学出版社(原西南师范大学出版社)
地　　址:重庆市北碚区天生路2号
邮　　编:400715　电话:023-68868624
印　　刷:重庆市圣立印刷有限公司
幅面尺寸:185mm×260mm
印　　张:10.5
字　　数:230千字
版　　次:2019年8月第1版
印　　次:2025年9月第7次印刷
书　　号:ISBN 978-7-5621-9895-6
定　　价:29.00元

“21世纪中等职业教育系列教材”
编 委 会

主　任：梁　宏
副主任：贺成军　张　瞻　解生杰　雷　娅
委　员：郎俊平　胡庭婷　徐　迎　王一迤　骆　杨
　　　　李　娴　林颖佳　马　蓉　谢建军　李纯波
　　　　何泽锋　蔡　心　童昌晶

前言

加强对广大中等职业学校在校学生的社会主义核心价值观教育，是我们每个教育工作者义不容辞的责任和义务。中等职业学校德育目标是：把学生培养成为爱党爱国、拥有梦想、遵纪守法、具有良好道德品质和文明行为习惯的社会主义合格公民，成为敬业爱岗、诚信友善，具有社会责任感、创新精神和实践能力的高素质劳动者和技术技能人才，成为中国特色社会主义事业合格建设者和可靠接班人。德育目标的实现，除课堂主渠道外，同时通过各种途径来完成，如纪念日活动、文明校园创建、共青团活动、国旗下的讲话、班会、文体活动、各类比赛等。近年来，主题班会以组织性强、形式多样、师生共同参与等特点成为实现学校德育工作的重要途径之一。学校通过主题班会来辨清是非、提高认识、开展教育，促进学生成长和树立正确的世界观、人生观、价值观。所以从某种意义上讲，主题班会也是一门课程。

主题班会是对学生进行思想、道德、人格、心理等方面教育的主要途径。传统的班会大多是日常班会，往往以班主任讲授为主，学生参与程度不高，难以激发起学生的兴趣和参与热情，效果往往不明显。同时，中等职业学校的班主任绝大多数是任课教师，承担着繁重的教育、教学、科研和班级管理工作，缺乏足够的时间和精力去搜集资料和实践案例，完成涉及多个领域的、具有深刻教育意义的主题班会设计，本书的编制对该问题给予了很好的解决。

另外，中等职业学校的任务是培育具有独立创新能力的生产一线工作人才。为促进学生全面发展，很多班主任把主题班会筹备的任务交给能力强、渴望提高个人能力的学生干部队伍来完成，本书亦可成为学生完成任务的得力助手和指导教材。

首先，带着对这些问题的思考，编者在编写过程中对主题班会的开展进行了系统化设计，根据学生身心发展规律和职业生涯成长规律，对主题班会教育主题进行了精心的论证，又引入课程开发的流程，包括入学、生命、爱国、礼仪、法治、安全、诚信、习惯养成、感恩、职业生涯规划、青春期等多个主题，切合学生实际，贴近学生生活。其次，编者对主题班会的开展形式也进行了多样化的优化，有讲故事、小品表演、诗歌朗诵、歌曲演唱、小组讨论、游戏体验、情景模拟、问卷调查、行为训练、影视资料播放、课件展示等多种教育方法和手段。这些多样化的开展形式，让学生们对每一次班会的开展充满了兴趣和期待，也会大大提高主题班会的实际效果。最后，重新定位了主题班会开展活动中的师生关系。中职生已经具备了一定的组织、信息搜集和处理、展示才艺、运用媒体技术等能力。主题班会是师生共同参与的活动，班主任老师更像是班级教育活动的“导演”，而学生们才是主题班会的参与主体，这种师生关系的重新定位，意味着学生成为主题班会课的主角，老师则仅提供指导和帮助。学生在课下通过对每一个环节的精心排练，对每一样道具的精心准备，可以在主题班会课上积极踊跃地表现，使主题班会真正变成学生自我教育、自我展示、自我成才的大平台。我们在编写中提供了大量的文字、案例、故事等材料，就是为了便于学生参考使用，并结合自己专业、班级的特点进行二次开发。每次班会课中的活动形式多样，内容丰富，有辩论、讲故事、做报告、情景模拟等，让学生在参与、体验中完成预期的教育目标。

本书能为班主任提高业务能力、提升职业素质、减轻工作压力、增强教育效果提供有效的帮助。班主任通过主题班会的实施，打动青年学子的心，让他们在心灵上有所触动、感悟，为培养其积极健康的人格和乐观向上的精神提供帮助,那我们的编写初衷就达到了。本书在编写过程中还选配了一些插图,以增加主题班会的可读性。案例的选取也是编者在实践过程中的积累,既有学生的成长,又有学生的喜怒哀乐,贴近学生生活,联系学生实际,具有很强的实用性。本书既可以作为中职学校班主任和广大学生召开主题班会的教材,也可以作为德育教师、德育研究工作者和学生管理工作者的参考资料。

本书还附录了主题班会活动方案拓展样案,既可成为使用者借鉴的教案,也为组织开展主题班会提供了思路。

本书由张瞻、贺成军任主编,解生杰、雷娅任副主编。梁晶晶、马蓉、王一迤、罗永艳、邹伟、徐迎、吕正伟、胡庭婷、郎俊平、曾淇、宗挺升、骆杨、谢建军、李纯波、何泽锋参与了本书的编写。本书的插图由李娴老师、蔡心老师和陈珉老师绘制,梁宏同志审定了书稿。编者对各位领导、专家的悉心指导和付出,表示衷心的感谢。在编写过程中,我们引用了部分报刊、网络媒体等的案例报道和分析,参考了同类读物的精彩论述,对相关作者深表谢意。由于编者水平有限,且德育教育又涉及广泛,书中有不当或不妥之处,敬请从事学生管理、德育教育的广大同仁批评指正。

编　者

2018年12月

目录

CONTENTS

第一章

绪　论

欢迎进入中等职业学校学习深造，作为中等职业学校的学生，你对职业教育是否存在偏见或存在抵触情绪呢？你了解中等职业教育的真谛吗？

一、认识中等职业教育

职业教育是指让受教育者获得某种职业或生产劳动所需要的职业知识、技能和职业道德的教育。各种职业高中、中专、技校等职业学校教育都属于职业教育。职业教育的目的是培养应用人才和具有一定文化水平和专业知识技能的劳动者，职业教育侧重于实践技能和实际工作能力的培养。

国家的发展、社会的进步、经济的建设离不开高素质的劳动者。劳动者素质是指一个国家中能够从事社会劳动的全部人口的整体素质。从事社会劳动的人口主要包括从业人员、失业人员，也包括处于劳动年龄之内的就学人员、从事家务人员和军队服役人员以及其他人员。提高劳动者素质，主要依靠教育，包括学校教育、社会教育和家庭教育。其中学校教育尤为重要，因为它是一种规范化的教育，是要求学生德、智、体、美全面发展的教育，是有目的、有计划、有组织的教育，是由广大干部和教师负责任地去完成的教育，这种教育对提高劳动者素质起到了决定性作用。当今世界，以人的素质为基础的综合国力竞争日趋激烈，对全民综合素质的提高已成为当务之急，从而教育摆在了优先发展的位置。①

而中等职业教育为我国经济发展培养了数以亿计的技术技能人才。我国经济发展所创造的“中国奇迹”，得益于坚定实施教育优先发展及人才强国战略，其中，中等职业教育也通过源源不断地提供初、中级技术人员及技术工人，进而对提高劳动生产率起了很重要的作用，成为我国经济高速发展的重要推进力量。当下，社会上出现了一

①催曦萍．从提高劳动者素质浅论职业教育的重要性[J]．中国高新技术企业，2018(11)：164.

种中等职业教育不能适应时代需求、需要大力发展普通高中的倾向。这种倾向既忽略了个体多样化的发展可能与发展需求,也忽略了经济社会发展对合理劳动力结构的要求,部分地区出现“技工荒”就是劳动力结构断层的直接体现,对我国经济社会发展的危害极大,对学生个人的发展也起到了误导作用。

我国改革开放40多年来,中等职业教育取得了长足发展,培养了一大批有知识、有技能的劳动大军,广大中等职业学校毕业生成为生产服务一线的主力军。教育部职业教育与成人教育司司长王继平在第九场教育奋进之笔“1+1”系列发布会上表示:“在现代制造业、战略性新兴产业和现代服务业等领域,一线新增从业人员70%以上来自职业院校,职业教育大规模培养技术技能人才能力不断增强,职业教育社会认可度显著提升。”我国中等职业教育成为发展经济、促进就业、改善民生的重要途径,为我国经济社会发展提供了有力支撑,为决胜全面建成小康社会做出了巨大贡献。

二、主题班会的目的、意义和作用

(一)主题班会的目的、意义

我国职业教育发展进入黄金期,欢迎你成为其中的一员,为了促进自己成为社会发展中的佼佼者,在校期间应更好地磨炼自己。中职生已经具备了一定的组织、策划、信息搜集和处理、才艺展示、运用新媒体的能力,而班级的主题班会就是展示、锻炼自己的平台。

传统的班会大多是以班主任讲授、讲解为主,学生的参与度不高,不能激发学生的兴趣和参与热情,效果不好,如果学生们能积极主动参与,在班主任的引导下,让主题班会课真正变成学生自我教育、自我管理、自我展示的平台,这将成为一件非常有意义的事情,对锻炼学生成长成才具有极大的作用。

从某种意义上来看,主题班会也是一门课程,它是指班主任根据学校工作要求,在班主任的指导下,由班委会组织开展的一种自我教育、自学成才活动,是班主任对学生进行思想教育的重要途径。主题班会要充分发挥班集体的智慧和力量,让个人在集体活动中受教育、受熏陶,从而提高综合素质。

主题班会要求中心思想明确,内容丰富集中,切合学生需要,班级成员共同参与,具有教育知识趣味性，会前充分准备，尽可能发挥每个人的专长、爱好和创造性，形式活泼生动，安排紧凑，气氛和谐等，最终达到提高认识、发展个性、愉悦生活、促进良好班风形成等目的。

（二）主题班会的作用

1. 让学生健康成长：班会提供了一个说出心里话的场所。教师收集学生苦恼而难以解决的问题，通过班会讨论、指导、出点子，疏导学生思想，使他们健康成长。

2. 让学生深受教育：一次生动活泼、富有教育性的班会课往往会触动学生的心灵，给他们留下深刻印象和终生美好的回忆，起到课堂教学中难以起到的作用。

3. 能提高学生认识不良问题、现象和行为的能力：从教育意义上讲，主题班会主要是使学生明确、统一和强化对不良问题、现象的认识。

4. 能提高学生的自我教育、自我管理和自我学习的“三自”教育能力：学生在主题班会中是“主角”，教师起引导作用，学生的创造能力、组织能力、活动能力、学习能力、教育能力都能得到极大提高，学生的自我要求、自我完善、自我进取的精神就会不断加强。

5. 有利于班集体的建设：组织得当的主题班会，能产生凝聚力，起到促进班级学生团结的作用，同时由于师生共同参与，能加深师生彼此了解，拉近师生关系。

三、开展主题班会活动常用的方法

（一）情景模拟法（模拟扮演式主题班会）

情景模拟是指模拟逼真的环境、过程，要求被试者在模拟的情景中，展现自己的才干、能力，来测评被测试者心理素质、潜在能力的一种方法。

1. 情景模拟法用在主题班会中就是根据探究的问题、现象或行为，学生模拟表演其中的情景，然后全班同学研讨表演内容并对内容做出评价，以此来引导全班同学共同探求人、事、物的情感、价值取向和解决问题策略，帮助大家形成处理问题的恰当方法、方式和技巧。该方法的重点是表演与情景的契合度、探讨处理所遇问题方法和技巧的正确引导及获取正当的价值取向、解决问题的策略。

2. 具体操作步骤。

（1）构思情景：构思主题中需探究问题的情景。

(2)道具准备:情景中需要的多媒体课件、背景音乐和画面、实物道具等。

(3)彩排:预先演习,提前熟悉。

(4)布置好针对性观察、思索的任务,根据班会环节进行情景模拟演出。

(5)引出问题,展开讨论,得出结论,解决问题。

(二)角色扮演法

角色扮演是在假设环境中按某一角色身份进行活动以达到学习目标的方法。根据教学要求设计一个逼真的工作情景,学生扮演情景中相应的角色,按设定岗位的职能及人际关系,尝试处理各种事件。学生在情景中扮演角色,体验情景带来的感受。角色扮演是一种情景模拟活动,可参照情景模拟法执行。

(三)故事法

故事法是运用提前选取的故事素材,采用读、讲等方式进行道德引导教育的方法。故事法的注意事项如下:

1. 学生自己读或讲,不能背稿件,要声情并茂,姿态仪表合乎意境。

2. 时间要控制在3~10分钟,不能太短,也不能冗长。

3. 可以根据主题的需要对故事的内容进行适当的改编。

4. 可一人单独讲,也可几人轮流讲,可进行故事欣赏,也可进行竞赛。

5. 故事讲述完毕后,要布置思考和讨论的任务。

(四)报告法(专题报告式主题班会)

报告法即围绕某一方面教育主题,邀请专人做专题报告,专人可以是专家、典型人物、学生家长或学校领导,也可以是学生。

报告法的注意事项如下:

1. 报告的内容要结合教育主题。

2. 邀请的报告人一定要有跟要求的教育主题相关的经验,要事前准备好报告稿。

3. 时间不宜过长,控制在20~30分钟。

4. 报告结束后要针对教育主题组织讨论、布置思考、得出结论、解决教育问题。

（五）专题讨论法

专题讨论法就是让同学们就某一个问题，或发生于社会、学校中的事件展开讨论，运用头脑风暴来发散思维，排除错误认识，总结有利认识，并汇总引导，达到明辨是非的目的。

（六）咨询答疑法（咨询答疑式主题班会）

中职学生大多处在青春发育期，生理和心理的变化比较快，容易出现心理问题，拥有很多的困惑。因此我们必须针对这些心理问题，组织以咨询答疑为主要形式的主题班会，事先调查确定学生最期望解决的问题，将此作为咨询答疑的主题，聘请资深教师或心理专家为答疑人选，学生就选定的主题提出问题，答疑人根据经验和掌握的理论进行解答，帮助学生排除生理上和心理上的困惑和烦恼。

（七）娱乐法（娱乐表演式主题班会）

中职学生具有较强的好奇心，教育活动的效果在一定程度上取决于学生的参与程度，形式新颖、娱乐性强的主题班会往往能够满足青少年学生的好奇心，调动学生参与活动的积极性。因此，可以设计一些娱乐表演式的主题班会，将深奥的教育道理寓于活泼轻松的游戏之中，使学生在不知不觉中受到教育。即使是严肃的主题也可以在不偏离主题的情况下，让学生采取自编小品、唱歌、猜谜语、诗歌朗诵、乐器演奏、说相声等形式进行班会活动，让学生们在说、唱、玩、跳等活动中受到教育，以达到提高教育效果的目的。

（八）辩论法（专题辩论式主题班会）

青少年喜欢辩论，辩论也可以使学生辨清问题。因此，可以针对学生易混淆、理解不深的问题设专题，将班内的学生分成正反方进行辩论，即采取辩论会的形式，主持人宣布注意事项，正反双方分析论题及代表进行辩论。论题应是学生感兴趣的、平时讨论的热点问题。辩论使学生厘清容易混淆的问题，培养学生是非分明、立场坚定、逻辑严密、论证充分的世界观和思维方式，同时还可提高学生的口头表达能力。这种类型的班会将知识性与趣味性融合在一起，大大激发了学生的求知欲，可使学生在欢乐轻松的气氛中受到教育。

具体的辩论步骤及辩论方法可查阅相关资料。

另外还有现场体验法、案例教学法、经验交流法、成果汇报法、才能展示法、总结归纳法、专题介绍法等形式的主题班会,主题班会上采取哪种方法更合适,还要根据具体的教育主题和现实条件来确定。

总之,一堂教育意义深刻的主题班会,需要根据学生的所思所想确定主题,更需要采用学生喜闻乐见的案例、方法,才能生动有效。

第二章

入学教育

导言

带着对未来人生的美好憧憬，我们从四面八方迈进了技能人才成长成才的摇篮——中等职业学校，新环境、新面孔、新学习任务、新奋斗目标，一切充满着新鲜感，新起点孕育着新希望。步入中职学校的学子，学习技能、成就自我是我们的新追求。面对新校园，我们将遇到怎样的老师、怎样的管理要求，我们的班级将有哪些新同学，学校的校史历程如何，我们的衣食住行如何解决等一系列问题，而即将面临高温下历练身心的开学第一课——新生军训如何度过，无不萦绕着我们。同学们，不要困惑，让我们慢慢来了解我们的新学校。

图2-0-1 走进中等职业学校

第一节　新环境、新规则、新目标，让理想插上翅膀

<table>
<tr><td>班会背景</td><td colspan="4">我们刚刚踏进职业学校，对职业学校雾里看花，亟须了解我们学校的发展历程、管理特点、专业设置、周边环境、校内设置、就业方向……为了消除同学们的焦虑，增强同学们在职业学校也能成就人生理想的信心，特举行此次新生入学教育第一课的主题班会。</td></tr>
<tr><td>班会要点</td><td colspan="4">1. 介绍中等职业学校的特点。
2. 播放学校视频宣传专题片。
3. 专业简介、优秀毕业生简介。
4. 学生自我介绍。
5. 合唱歌曲《我的未来不是梦》。
6. 班主任点评。</td></tr>
<tr><td>班会准备</td><td colspan="4">1. 准备主持人主持词。
2. 搜集学校视频宣传专题片、校园风光图片、专业介绍、优秀毕业生事迹简介。
3. 全班同学准备自我简介，包括姓名、籍贯、兴趣爱好、理想抱负等。
4. 合练歌曲。</td></tr>
<tr><td rowspan="4">班会目标</td><td>目标类型</td><td colspan="3">目标要求</td></tr>
<tr><td>认知目标</td><td colspan="3">1. 认识职业学校，了解中等职业教育。
2. 了解校史、校园文化内涵，熟悉校园环境。
3. 了解本专业的培养目标、教学特点和自己的发展方向。
4. 认识同班新同学。</td></tr>
<tr><td>能力目标</td><td colspan="3">1. 认识新学校、新环境，掌握校园内衣食住行、饮食起居的具体要求。
2. 掌握本专业的教学特点，树立个人学习目标，把握自己的学习方法和努力方向。
3. 营造与新同学和谐相处的良好氛围。</td></tr>
<tr><td>情感目标</td><td colspan="3">1. 培养爱学校、爱专业、爱同学的意识。
2. 增强求知欲和学习热情，为个人理想插上腾飞的翅膀。
3. 树立职业教育也可成才的信心。</td></tr>
<tr><td>班会方法</td><td colspan="4">专题介绍法等。</td></tr>
<tr><td>课　　时</td><td colspan="4">2课时。</td></tr>
<tr><td>班会过程</td><td colspan="4"></td></tr>
<tr><td>时　　间</td><td colspan="2"></td><td>地　　点</td><td></td></tr>
<tr><td>主 持 人</td><td colspan="2"></td><td>班　　级</td><td></td></tr>
</table>

环节一：中等职业学校简介

中等职业学校是实施中等职业教育的学校，是高中教育阶段的职业教育，也包括一部分高中后职业培训，基本学制为三年，学生毕业取得中专学历。其特点是完成初高中基础教育内容的同时，培养出各行业所需的高素质技能型人才，也同时为向各高等院校输送高素质的专门人才打下基础。

中国报告网(www.chinabaogao.com)《2018年中国中等职业教育行业分析报告——市场深度调研与投资前景预测》指出：目前，全国共有中等职业学校(包括普通中专、成人中专、职业高中和技工学校)1.09万所，在校生1597.32万人，2016年招生587.57万人，中职学校专任教师83.48万人，"双师型"教师占29.47%，国家、省级示范(骨干)学校等优质资源覆盖50%以上的在校生。十年来，累计为国家输送近7000万高素质劳动者和技术技能人才。自2006年以来，中职毕业生就业率保持在95%以上，对口就业率在70%以上。

环节二：观看学校的视频宣传主题片

看完宣传片后可以进行简单问题的抽问，并设置一定的奖励。设置的问题如下：

1.学校的建校时间是哪一年？

2.学校的地理位置、院系设置情况如何？

3.学校的重点专业、特色专业有哪些？

4.学校的校训、办学思想各是什么？

环节三：收集学校校园风光、活动照片，向同学们介绍

图2-1-1 校园美景之校训

图2-1-2 校园美景之标志建筑

图2-1-3　校园美景之运动场

图2-1-4　校园美景之学术报告厅

环节四：专业简介和优秀毕业生案例分享

1. 搜集本班所属专业信息，向全班同学介绍专业特点。

2. 搜集本专业优秀毕业生典型案例，向同学们介绍。

3. 每个同学进行自我介绍，畅谈理想抱负。

4. 班主任点评。

环节五：介绍学校的作息时间并提出要求

应严格遵守学校的作息时间安排，若有特殊情况，应事先向教师请假并说明情况。

环节六：明确目标，勇于奋斗

踏入中职学校，我就要立志成长为高素质的技能型人才，投身于国家经济社会建设与发展的滚滚洪流。但我们要认清自身，不自暴自弃、怨天尤人，要勇于发扬自身的优点、特长，在职业学校的舞台上展现自己，为自己未来的人生打开一扇通往成功的大门。

环节七：合唱歌曲《我的未来不是梦》

激扬青春，放飞梦想，让我们志存高远、顽强拼搏、共同进步，点燃我们的中国梦、职业梦，奏响人生的乐章！让我们一起合唱歌曲《我的未来不是梦》。

环节八：班会主题拓展与升华，班主任点评

年轻的你们怀揣成就人生的梦想，步入了中等职业学校，作为学校老师，怀着诚挚的心欢迎你们的到来，恭喜你们选择了适合自己人生发展的道路，你们动手能力强、发展思维突出，这正是学校看中的，希望你们克服自身的缺点，改掉以前的陋习，发扬自

身的长处，扬长避短，用心规划，努力创新，去拼搏、去努力、去奋斗，你们一定能创造属于你们的灿烂人生，你们的未来不是梦！

主题班会结束！

所思、所感、所悟

第二节 新生入学第一课——军训动员

<table>
<tr><td>班会背景</td><td colspan="3">军训，是中职新生入学的第一课，目的是通过严格的军事训练提高学生的政治觉悟，激发爱国热情，培养艰苦奋斗、刻苦耐劳的坚强毅力和集体主义精神，增强国防观念和组织纪律性，养成良好的学风和生活作风。为了让同学们更好地认识到军训的重要性，顺利完成军训课程，特举行此次主题班会。</td></tr>
<tr><td>班会要点</td><td colspan="3">1. 介绍军训的重要意义。
2. 班主任点评。
3. 介绍军训主要内容。
4. 介绍军训中需要注意的事项。
5. 构思班级军训口号。
6. 合唱歌曲《团结就是力量》。</td></tr>
<tr><td>班会准备</td><td colspan="3">1. 准备主持人主持词。
2. 搜集有关军训训练内容的视频和图片。
3. 全班同学准备班级军训口号。
4. 合练歌曲。</td></tr>
<tr><td rowspan="4">班会目标</td><td>目标类型</td><td colspan="2">目标要求</td></tr>
<tr><td>认知目标</td><td colspan="2">1. 认识军训，了解军训对中职生学习、生活的重要意义。
2. 了解军训期间学校的时间安排。
3. 熟悉军训内容。
4. 了解军训时应注意的事项。</td></tr>
<tr><td>能力目标</td><td colspan="2">1. 掌握军训主要内容，顺利完成军训各项任务。
2. 培养良好的行为习惯及纪律观念。
3. 营造和谐相处、为班级争光的良好氛围。</td></tr>
<tr><td>情感目标</td><td colspan="2">1. 培养热爱祖国的意识，提高对祖国、对社会的责任感。
2. 增强集体荣誉感和班级凝聚力。
3. 提高自信，为今后的中职学习打好基础。</td></tr>
<tr><td>班会方法</td><td colspan="3">专题介绍法等。</td></tr>
<tr><td>课　　时</td><td colspan="3">2课时。</td></tr>
<tr><td>班会过程</td><td colspan="3"></td></tr>
<tr><td>时　　间</td><td></td><td>地　　点</td><td></td></tr>
<tr><td>主 持 人</td><td></td><td>班　　级</td><td></td></tr>
</table>

环节一:播放与军训相关的视频和图片

看完视频后进行简单问题的抽问,设置问题如下:

1.同学们眼中的军训是什么样子的?

2.参加军训对中职生有什么意义?

3.同学们对于军训比较感兴趣的地方是什么?

班主任点评:对中职生实施军事训练,是全面贯彻党的教育方针,改革教育内容,加强学生思想政治教育,全面提高学生素质,培养有理想、有道德、有文化、有纪律的建设人才的重要措施。军训是爱国主义、集体主义和革命英雄主义教育,可以提高同学们的思想政治觉悟,激发爱国热情,增强国防观念和国家安全意识,增强同学们的组织纪律观念,培养艰苦奋斗的作风,提高综合素质,掌握基本的军事知识和技能,为中国人民解放军训练后备兵员和预备役军官,为国家培养社会主义事业建设者和接班人。同学们一定要摆正心态,提高觉悟,正确认识军训——新生第一课。

图2-2-1 军训,人生难忘的一课

环节二:介绍军训期间的作息时间并提出要求

强调学校的军训作息时间,同时强调以下要求:

军训是新生的第一堂课,培养学生服从意识、责任意识、使命意识、团队意识、坚强意志和吃苦耐劳精神,是让人难忘和骄傲的一段军旅经历。同学们在军训期间一定要做到:

1.按时作息,准时出操,无特殊情况不得缺训。军训训练强度大,对身体的耐疲劳强度要求较高,同学们务必按时作息,让身体得到充分的休息,以良好的精神面貌迎接每一次训练。不能无故缺训,有事按学校要求履行请假手续。因特殊情况实在不能参训的同学,可以给同班同学做好后勤服务工作。

2.疾病预防。淋了大雨或大汗淋漓后不要急于喝水，应该稍微休息片刻再补充水分，以免加重肠胃负担。全身大汗淋漓后，不能马上冲凉水澡，以免全身毛孔迅速闭合，体内热量不能散发，引起感冒发烧。

3.补充水分和营养。军训运动量、出汗量大，会导致身体缺水，所以同学们应及时补充水分，水分的补充应以盐水、葡萄糖水为佳，可以是凉白开或矿泉水，但不能大量饮用冰冻饮料或冰水。军训后体力消耗极大，同学们应多吃一些肉类、蛋类，最好还能多喝点汤，注意补充各种维生素。

4.加强沟通。军训生活是枯燥乏味、艰苦紧张的，但有助于克服懒散松懈，加强组织纪律，增进团队合作，磨炼意志品格。遇到不明白的情况要学会虚心向同学和老师请教。新团体同学之间了解不够，不可因为小矛盾、小摩擦而产生矛盾纠纷，从而违反校规校纪，一定要加强沟通，一切以集体利益为重。

5.军训期间，穿戴得体，举止得当。军训时应严格要求自己，向军训标兵看齐。

环节三：介绍军训主要内容

1.站军姿。

2.停止间转法，包括稍息、立正、向左转、向右转、向后转、跨立与立正、蹲下与起立。

3.行进间转法，包括齐步的行进与立定、正步的行进与立定、跑步的行进与立定。

4.拉歌练习，包括学习军歌和拉歌的技巧、口号等。

环节四：介绍军训注意事项

军训是带有一定强度的训练，同学们一定要对自己的身体状况有一个正确的认识，保护好自己，提前做好防范。下面简单向同学们介绍一下军训中需要注意的事项。

（一）皮肤损伤

图2-2-2 满怀豪情

皮肤损伤是军训中常见的现象，在高温下活动，容易导致日光性皮炎和痤疮，如果本身皮肤就有炎症，更需要注意卫生和保护。训练中最好穿棉质舒适、轻便的衣裤，尽可能让衣服遮住大部分身体，以防止发生晒伤。训练后要及时把身上的汗擦掉，不要让身上积汗液，这样有利于保护皮肤。在皮肤裸露部位，最好使用SPF(Sun protection Factor，防晒系数)在30以上的防晒霜，并随身携带，每隔一段时间进行补涂。

(二)中暑

人体中暑的先兆症状包括面色苍白、大量出汗、头昏、耳鸣、眼睛发花、注意力不能集中、口渴、心慌、胸闷、脉搏加快、全身无力。严重者还可能发生恶心、呕吐、四肢抽搐、呼吸困难、突然昏倒，甚至昏迷不醒。一旦在操场上训练时发觉自己或周围同学有类似症状，应马上向教官报告，原地坐下，待眩晕过后再到阴凉地休息一会儿。尽量避免直挺挺地倒下去，以免猝然倒地引发摔伤。之后可以口服十滴水或藿香正气水、人丹之类防暑药物，以及口服凉盐开水或白开水。如果情况严重应马上送医。

(三)运动扭伤

在军训开始前，要先进行必要的肢体舒展活动，把身体各部位和关节活动开，训练强度也要循序渐进。原来就有关节损伤的学生在训练中最好戴上护腕或护膝以保护关节，避免新的损伤。如果发生扭伤，并出现疼痛和活动受限，要停止训练，特别是不要让受伤的部位继续活动。自由活动时，要避免崴脚。一旦崴脚，切忌按摩和热敷，应该立即用凉水冲洗15分钟，之后找校医处理。

(四)饮食卫生

军训时正值夏天，同学们不要贪一时凉快而过量食用冰冻食品，更不要暴饮暴食。轻度的肠胃问题可以吃些肠胃药缓解症状。如果反应剧烈，一定要及时报告教官或辅导员，及时就医。

(五)女生特殊情况

女性月经周期以及经量多少很大程度受人体情绪以及身体状况的影响。平时不爱活动的女孩突然面对训练量较大的军训，很有可能月经提前或经量增多，所以最好提前备足卫生巾，而且最好选用质量好、吸附力强、透气性高的卫生巾。痛经的女生，建议准备止痛片。止痛药只要不是长期服用就没太大关系。

环节五：构思班级军训口号

将全班同学分为6组，分组讨论班级军训口号，讨论结束后每组派一名代表上台向全班同学介绍本组讨论的口号，由全班同学投票选出最受欢迎的口号，并对提供被选中口号的小组进行奖励。

环节六:合唱歌曲《团结就是力量》

除了站军姿、走正步,军训歌曲也是新生军训中必不可少的科目,唱军歌有利于鼓舞同学们的气势,凝聚人心,让我们唱起《团结就是力量》,在即将到来的军训中团结一致,发挥集体荣誉感,圆满完成军训任务!

环节七:班会主题拓展与升华,班主任点评

军训是同学们入学以来的第一次团队活动,有利于培养同学们的爱国主义精神,增强国防观念,有利于培养同学们坚韧不拔的精神、面对困难迎难而上的毅力以及集体荣誉感。同时,军训也是大家互相了解的开始,很多同学间的友谊都是从这个时候建立起来的,希望大家能以严谨的态度对待军训,以饱满的热情迎接军训,认真训练,积极表现,使同学们以后回忆起军训这段时光时,不至于是空白的,为咱们的中职生涯开一个好头!

主题班会结束!

所思、所感、所悟

第三节　我的班级我的家，我为班级添光彩

<table>
<tr><td>班会背景</td><td colspan="4">新同学走进了崭新的生活和学习环境，开始了新的求知之旅。一群性格迥异的年轻人如何尽快增进了解，提高班级凝聚力，是班主任老师思考的问题。和谐班集体的创建会促进同学们互相了解，增进师生之间的沟通，为将班级建设为团结和谐的集体，特举行本次主题班会。</td></tr>
<tr><td>班会要点</td><td colspan="4">1. 学生即兴发言，介绍班集体和同学在校园新生活中对个人的重大意义与作用。
2. 同学列举以往受到其他同学帮助或帮助其他同学的例子。
3. 宣读班级行为守则。
4. 班主任点评。</td></tr>
<tr><td>班会准备</td><td colspan="4">1. 准备主持人主持词。
2. 搜集与“友谊、团结、互助”相关的典故与资料。</td></tr>
<tr><td rowspan="4">班会目标</td><td>目标类型</td><td colspan="3">目标要求</td></tr>
<tr><td>认知目标</td><td colspan="3">1. 深入挖掘“互帮互助”在班级建设中的内涵，将其与社会主义核心价值观紧密结合。
2. 通过举例和集体讨论，切实认识到班集体对自己的生活和学习起到的积极作用。
3. 认识日常生活和学习中，哪些行为不利于班级形象和与同学的相处。</td></tr>
<tr><td>能力目标</td><td colspan="3">1. 反省自身存在的不重视集体荣誉、漠视同学关系的行为。
2. 发现校园生活和学习中损害集体形象、不利于建立同学和谐友谊的行为。
3. 设立个人小目标，从点滴做起，做一个关心集体、关心同学的学生。</td></tr>
<tr><td>情感目标</td><td colspan="3">1. 培养维护集体形象，关心帮助同学的意识。
2. 以其他做得好的同学为典型，学习他人身上的优秀品质。
3. 严于律己，宽以待人，践行团结互助的理念。</td></tr>
<tr><td>班会方法</td><td colspan="4">故事法等。</td></tr>
<tr><td>课　　时</td><td colspan="4">2课时。</td></tr>
<tr><td>班会过程</td><td colspan="4"></td></tr>
<tr><td>时　　间</td><td colspan="2"></td><td>地　　点</td><td></td></tr>
<tr><td>主 持 人</td><td colspan="2"></td><td>班　　级</td><td></td></tr>
</table>

环节一:敞开心扉,谈天说地——师生互动

首先,教师可带头展现才艺,同学们在台上展现文艺才能,消除疏离感和紧张感,起到活跃气氛的作用,为班会中大讨论的环节预热。接着,同学们与教师开启“聊家常”的模式,就社会上的一些热点问题或明星的影视作品发表看法,引发思考:对新集体的建设,能不能像刚刚参加讨论一样积极参与?具体又该怎样做?请几个同学发表看法,由教师做出评价,并引出本次班会主题——我的班级我的家,我为班级添光彩。

图2-3-1 我为班级添光彩

环节二:班级建设之我见

1. 以提问的方式让大家自由表达对班级建设的理解,教师做归纳总结。

2. 阐述在优秀班集体建设中,同学们应具备的素质,并将其与社会主义核心价值观的内容结合起来。

3. 选取同学发言,列举出自己积极参与班级建设、团结互助的事迹。

4. 选取同学发言,列举在我们周边有哪些集体意识淡薄,对同学态度冷漠的现象,并讨论应如何改进和避免这些问题。

班主任点评:视班级如家,积极参与班容班风建设,不仅是打造优秀班集体的必要条件,同时也是团结同学,热爱集体的有效途径。通过集体讨论,大家能够看到他人身上的闪光点,也能认识到自己身上的不足,大家都具备健康向上的是非观,正确认识问题是解决问题的前提,我相信,在同学们的严格自律与老师的引导帮助下,我们的同学都可以成为新集体中优秀的一分子,在我们的共同努力下,我们的班级也会在学习成绩、班容班风、集体荣誉等各个方面取得优异的成绩与表现。

图2-3-2 我爱我班，班级是我家

环节三：阅读典故，观看视频，感受友情与集体的力量

(一)管鲍之交

管仲有个朋友叫鲍叔牙。鲍叔牙知道管仲有才干。管仲家贫，经常在钱财方面占鲍叔牙的便宜，鲍叔牙仍然对他很好，丝毫没有怨言。后来鲍叔牙还向齐桓公大力推荐管仲，在管仲的辅佐下，齐国日益强大，齐桓公也成为一代霸主。管仲感叹道：“我当初贫困时，与鲍叔牙一起做生意，总要多分一些利润，鲍叔牙知道我不是贪财，而是因为家里贫穷；我曾经替鲍叔牙出谋划策，结果使他陷入了更加被动的境地，鲍叔牙不认为我愚笨，认为只是时运不济；我多次做官遭到国君驱逐，鲍叔牙不觉得我不成器，只是没有遇上好时机；我参军打仗时临阵逃跑，鲍叔牙知道我不是贪生怕死，而是因为家里有老母亲要照顾；公子纠兵败，召忽因此自杀，我忍辱负重活了下来，鲍叔牙知道我不是不顾廉耻，而是以不能扬名天下而羞耻。生养我的是父母，真正了解我的是鲍叔牙啊！”

(二)1998年抗洪救灾以及汶川地震救援重建的视频资料

通过观看抗灾救灾视频，同学们对当时受灾之重、损失之大有了直观的认识。全国人民积极捐款捐物，解放军在一线救援的场景，传达出我国“一方有难，八方支援”的互助精神和万众一心、众志成城的精神，同学们可从中汲取强大的精神力量，以更加积极的姿态建设班集体，依靠班集体，融入班集体。

阅读、观看完成后，请几位同学谈谈感想，教师适时引导。

环节四:师生宣读班级行为守则,并签名

为建设集体、融入集体、发展集体,塑造良好班级,共建和谐校园,我们将严格遵守班级行为守则:

1. 树立个人良好的学生形象,在人际交往中明礼诚信、团结互助、共同进步。
2. 遵守学校规章制度,积极参加学校各项活动,增强集体荣誉感,积极进取。
3. 弘扬社会美德,拾金不昧,乐于助人,尊老爱幼。

承诺人(签字):____________

环节五:班会主题拓展与升华,班主任点评

团结互助、热爱集体不仅是班级建设的要求,也是中华民族一脉相承的优良传统。只有发扬主人翁精神,积极参与班级、校园乃至国家建设,我们的人生价值才能在集体中充分体现。在涉及集体利益的重大事务中,要充分发表个人意见,为集体发展出谋划策,更要尊重集体意见,遵循民主集中制原则,与老师同学共同努力,打造一个和谐、团结的优秀班集体。

主题班会结束!

所思、所感、所悟

第四节　学生社团，我成长的阵地

<table>
<tr><td>班会背景</td><td colspan="3">学生社团是在校学生在自愿的基础上自由结成并按照章程自主开展活动的学生组织。为了提高学校社团的影响力，更好地培养同学们的各项组织能力，交流思想，切磋技艺，互相启迪，增进友谊，维护身心健康，丰富课余生活，开发自身潜能，同学们通过不同的学生社团，激发学习的兴趣与动力，开拓知识面，增强自我认知，锻炼动手能力与沟通能力，增强合作意识与自信心。同学们应该了解学校的各种社团组织，积极参与社团活动。</td></tr>
<tr><td>班会要点</td><td colspan="3">1.社团简介。
2.介绍社团特点。
3.展示社团成果。
4.学生特长展示。
5.社团报名。
6.班主任点评。</td></tr>
<tr><td>班会准备</td><td colspan="3">1.准备主持人及主持词。
2.搜集每个社团的简介以及成果展示视频和照片。
3.准备报名登记表。
4.准备多媒体课件。</td></tr>
<tr><td rowspan="4">班会目标</td><td>目标类型</td><td colspan="2">目标要求</td></tr>
<tr><td>认知目标</td><td colspan="2">1.深化对社团的认识。
2.明确今后的发展目标，确定自己的理想，增强克服困难的勇气和毅力。
3.认识不同专业的学习领域及特点。
4.认识更多新同学。</td></tr>
<tr><td>能力目标</td><td colspan="2">1.学习多样性的技能，掌握更科学合理的学习技能，并逐渐完善与自己相匹配的学习技能。
2.提高沟通交际能力。
3.丰富课后生活，在多元文化中提高综合素质。</td></tr>
<tr><td>情感目标</td><td colspan="2">1.增强对社团的参与热情，提高学习自主性。
2.在课外活动中陶冶情操。</td></tr>
<tr><td>班会方法</td><td colspan="3">成果汇报法、才能展示等。</td></tr>
<tr><td>课　　时</td><td colspan="3">2课时。</td></tr>
<tr><td>班会过程</td><td colspan="3"></td></tr>
<tr><td>时　　间</td><td></td><td>地　　点</td><td></td></tr>
<tr><td>主 持 人</td><td></td><td>班　　级</td><td></td></tr>
</table>

环节一:班主任致辞

介绍班会的意义和召开背景,以及班委会和团支部准备的情况。

环节二:社团简介

学生社团是指学生在自愿基础上结成的各种群众性文化、艺术、学术团体,不分年级、专业、学科甚至学校的界限,由兴趣爱好相近的同学组成。社团在保证学生完成学习任务和不影响学校正常教学秩序的前提下开展各种活动,目的是活跃学校学习氛围,提高学生自治能力,丰富课余生活,交流思想,切磋技艺,互相启迪,增进友谊。

环节三:介绍社团特点

对学校社团进行简要介绍,让同学们了解每个社团的专业方向,并选择自己感兴趣的社团。

环节四:展示社团成果

展示每个社团的成果(视频与图片),同学们根据兴趣爱好选出自己喜爱的社团。

图2-4-1 手工创意社

图2-4-2 职业生涯规划社

图2-4-3 舞蹈社

图2-4-4 音乐社

图2-4-5 国学社

图2-4-6 陶艺社

图2-4-7 蜀绣社

图2-4-8 软式垒球社

图2-4-9 篮球社

图2-4-10 乐器社

图2-4-11 书法社

图2-4-12　爱心社

图2-4-13 学生才艺展示

环节五：特长展示

每个学生按照个人或者团队进行特长展示，并评出一、二、三等奖，将成绩计入平时成绩。

环节六：社团报名

学生根据兴趣爱好报名社团。

环节七：班主任总结

随着经济的快速发展和素质教育的不断推进，学生的主体意识、参与意识、竞争意识不断增强，促使学生根据自己所学专业和兴趣爱好自愿组织和参加活动，寻找各自的舞台和地位，以求最大限度地锻炼自己，树立正确的社会角色意识，努力成长为符合社会发展，满足社会需求的合格人才。

主题班会结束!

所思、所感、所悟

第五节　讲文明、重规范、守校纪，做文明中职生

<table>
<tr><td>班会背景</td><td colspan="3">通过对七所中等职业学校在校生的调查，从中职学生道德素质和德育途径两方面分析了当前中职德育现状。调查发现，学生对道德责任、道德义务、善与恶等认知存在明显偏差，学生自律能力偏低。研究认为，中职学生道德素质水平的提高比专业技术、技能的职业训练更为重要。中职德育不仅需要传授道德知识，更要以服务社会为目的探索新的德育路径。</td></tr>
<tr><td>班会要点</td><td colspan="3">1. 由《严守纪律歌》进入主题，思考现状。
2. 演小品，认识文明礼仪的重要性。
3. 准备若干抢答题，演练文明礼貌用语。
4. 朗诵中等职业学校学生公约。
5. 班主任小结，全班合唱歌曲《璀璨星光——中职生之歌》。
6. 课外延伸。</td></tr>
<tr><td>班会准备</td><td colspan="3">1. 准备主持人主持词。
2. 搜集学校文明礼仪材料、图片等。
3. 准备奖品。
4. 准备小品、朗诵、合唱。</td></tr>
<tr><td rowspan="4">班会目标</td><td>目标类型</td><td colspan="2">目标要求</td></tr>
<tr><td>认知目标</td><td colspan="2">1. 熟悉中职生的行为规范和校规校纪。
2. 通过表演展示中职生常见的违纪现象，做到辨别是非、守纪律、讲文明，养成良好的行为习惯。</td></tr>
<tr><td>能力目标</td><td colspan="2">1. 掌握中职生学生守则。
2. 学会用文明用语。
3. 能够按照中职生的行为规范，做一名合格的文明中职生。</td></tr>
<tr><td>情感目标</td><td colspan="2">1. 懂得文明礼仪是中华民族的优良传统，是做人的美德，更是一个现代文明人必须具备的美德。
2. 继承优良传统美德，自觉养成讲文明、讲礼仪的好习惯。</td></tr>
<tr><td>班会方法</td><td colspan="3">情景模拟法等。</td></tr>
<tr><td>课　　时</td><td colspan="3">2课时。</td></tr>
<tr><td>班会过程</td><td colspan="3"></td></tr>
<tr><td>时　　间</td><td></td><td>地　　点</td><td></td></tr>
<tr><td>主 持 人</td><td></td><td>班　　级</td><td></td></tr>
</table>

环节一:班级现状

1. 班主任介绍班会的意义和召开背景。

2. 播放《严守纪律歌》进入班会主题,以照片反映同学们平时的不文明现象,引发思考。

图2-5-1 不文明行为之一

图2-5-2 不文明行为之二

图2-5-3 不文明行为之三

环节二:演小品,认识文明礼仪的重要性

中国古代礼仪规范不断发展,形成了现代文明礼仪。在校园这个既庄严又活泼,既紧张又文明的环境中,我们中职生不仅要学好文化知识和专业技能,还要讲文明懂礼仪,做一个文明的中职生。可是,身边有些同学们的表现却让我们有些失望。(部分学生表演反面小品,观众讨论评议后,学生再次表演正面小品)

环节三:抢答题,演练文明礼貌用语

正是这些文明礼貌用语,让我们的生活变得分外美好。

下面以抢答题的形式考考你们的礼仪小知识,答对的,全班将报以热烈的掌声!

问题一,你们知道哪些文明礼貌用语呢?(你好,谢谢,请,对不起,没关系,再见)

问题二，你们知道文明礼仪包括哪些方面吗？（语言上讲文明，行为上讲规范，生活中讲卫生，活动中讲参与，集体中讲团结，待人讲礼貌，处事讲谦让）

问题三，你们还知道哪些礼仪用语呢？请同学演示以上礼仪用语。（微笑、鞠躬、握手、鼓掌）

环节四：朗诵《中等职业学校学生公约》

中等职业学校学生公约

1. 爱祖国，有梦想。热爱祖国，热爱人民，热爱中国共产党。志存高远，服务人民，奉献社会。

2. 爱学习，有专长。崇尚科学，追求真知；勤学苦练，精益求精；不会就学，不懂就问。

3. 爱劳动，图自强。尊重劳动，勇于创造；艰苦奋斗，勤俭节约；从我做起，脚踏实地。

4. 讲文明，重修养。尊师孝亲，友善待人；诚实守信，言行一致；知错就改，见贤思齐。

5. 遵法纪，守规章。遵守法律，依法做事；遵守校纪，依纪行为；遵守行规，依规行事。

6. 辨美丑，立形象。情趣健康，向善向美；仪容整洁，衣着得体；举止文明，落落大方。

7. 强体魄，保健康。按时作息，坚持锻炼；讲究卫生，保持清洁；珍爱生命，注意安全。

8. 树自信，勇担当。自尊自信，乐观向上；珍惜青春，不怕挫折；敬业乐群，勇担责任。

朗诵完，制定班级班规。

环节五：班主任小结，全班合唱歌曲《璀璨星光——中职生之歌》

文明礼仪是律己律人的一种行为规范，是表现对他人尊重和理解的过程和手段。讲文明学礼仪不仅可以增强个人素质，更能够增强国家综合实力。要有良好的文明环境，就必须先从自我做起。争做文明中职生，从现在开始。

最后，让我们一起高唱《璀璨星光——中职生之歌》，做个讲文明、重规范、守校纪的文明中职生。

环节六：课外延伸

在学校、社会做一些力所能及的事情帮助周围的人，让他们体会到社会的温暖，享受到文明礼仪带来的快乐。

主题班会结束!

所思、所感、所悟

第三章

生命教育

导 言

生命教育既是一切教育的前提,又是教育的最高追求。生命教育是对人终极关怀的教育指向,是在充分考察人的生命本质基础上提出来的符合人性要求的人本教育。生命教育不仅要教会青少年珍爱生命,而且要启发青少年完整理解生命的意义,积极创造生命的价值;生命教育不仅要告诉青少年关注自身生命,而且要帮助青少年关注、尊重、热爱他人的生命;生命教育不仅要惠泽人类的教育,而且应该让青少年明白应与其他物种和谐地生活在同一片蓝天下;生命教育不仅要关心今日生命之享用,而且应该关怀明日生命之发展。

图3-0-1 生命教育

第一节 世界因生命而精彩

班会背景	因为同学们的年龄偏小，缺少对危险的辨识能力、对生命的敬畏。这种现象的根源在于对生命教育的轻视。因此，生命教育显得尤为重要，同学们能在教育中受到触动，感受生命的珍贵与意义。	
班会要点	1. 播放关于生命的各类图片，阅读分享关于生命的故事、散文或选段，激发爱心。 2. 小组合作，探究悟理，启发对生命的感悟和理解。 3. 体会名言警句，实践对生命的尊重。 4. 设计“世界因生命而精彩”的公益广告语，并评比奖励。	
班会准备	1. 准备主持人主持词。 2. 在网站搜集关于生命、环境破坏的图片，搜集环保的公益广告。 3. 全班同学准备关于生命的图片，有所感悟的生命故事、散文或选段等。	
班会目标	目标类型	目标要求
	认知目标	1. 了解世界是由多种生命组成的，了解生命的顽强性，各种生命之间是相互依存的。 2. 了解生命的意义与价值。 3. 理解各种生命息息相关。
	能力目标	1. 掌握初步的比较、分析能力。 2. 具备观察能力、人际交往能力。 3. 具备搜集相关资料的能力、归纳能力。
	情感目标	1. 热爱自然、热爱生命。 2. 正确认识生命，形成正确的生命观。 3. 用正确的眼光观察世界，爱护世界的每一种生命。
班会方法	专题讨论法等。	
课　时	2课时。	
班会过程		

时　间		地　点	
主持人		班　级	

环节一:多彩的生命构成缤纷的世界,风采展示

展示班会前搜集的一些图片,看完后一起谈谈感悟。

多媒体展示:

1. 植物、陆生动物、海洋生物、微生物、人的图片。

2. 干涸的世界图片。

设置问题:对比前面的画面,你更喜欢什么样的世界? 为什么?(随机点名回答问题)

引导学生总结出:生命是世界上最珍贵的财富,世界因生命的存在而变得如此生动和精彩。

环节二:分享阅读,激发爱心

1. 分享阅读班会前搜集的以"生命"为主题的触动自己的故事、散文或选段。

2. 小组讨论:听了这些故事,你们有什么感想?(以小组为单位汇报讨论结果,其他小组有不同意见可以补充)

小结:生命是顽强的也是脆弱的,生命让世界更精彩。

环节三:小组合作,探究悟理

多媒体展示:甲流爆发、舟曲地质灾害等。

小组合作讨论解决这些问题:

1. 人类受到了大自然的哪些惩罚?

2. 要使地球变得更加美丽,而不是支离破碎,我们需要怎样做?

小结:我们只有一个地球,一个人类与其他生物共有的地球。如果我们想生活在一个丰富多彩的世界里,就需要每一个人去关爱与呵护周围的生命。

环节四:启发对生命的感悟和理解

设置问题:

1. 人类应该怎样与其他生命相处?

2. 为什么生命需要相互关爱?

小结:生命是顽强的,也是脆弱的。每一个生命的存在都有其意义与价值,我们要与地球上的其他生命和谐相处。我们要尊重生命、关爱生命。生命是地球上最珍贵的财富,世界因生命的存在而变得如此生动和精彩。随意践踏地球上的生命,就是在破坏人类赖以生存的生态环境,最终受伤害的还是人类自己。

环节五：学以致用，做出承诺，体会名言，尊重生命

1. 人生实在是一本书，内容复杂，分量沉重，值得翻到个人所能翻到的最后一页，而且必须慢慢地翻。——沈从文

2. 生命苦短，只是美德能将它传到遥远的后世。——[英]莎士比亚

3. 生命，那是自然给人类去雕琢的宝石。——[瑞典]诺贝尔

4. 生命不可能有两次，但许多人连一次也不善于度过。——[法]吕凯特

5. 内容充实的生命就是长久的生命。我们要以行为而不是以时间来衡量生命。——[古罗马]小塞涅卡

环节六：设计一条“世界因生命而精彩”的公益广告语，评选后奖励

环节七：班会主题拓展与升华，班主任点评

人类在自身发展的同时，也要关心地球上的其他生命。我们要尊重生命、关爱生命。随意破坏人类赖以生存的生态环境，最终受伤害的还是人类自己。善待地球上的生命，就是善待我们人类自身。希望同学们在今后的生活中能够学会尊重生命，学会关爱生命。不要让人类的贪婪把生命灭杀，不要轻视任何一种生命。世界因生命而精彩，我们要让我们的世界永远精彩。

主题班会结束!

所思、所感、所悟

第二节　花样青春，为生命加油

班会背景	失败和苦难给人的经验和动力比任何成功都要多，前提条件是你愿意在失败和气馁中重新鼓起勇气，奋勇向前。而今青春年少的我们，心灵脆弱，总是在挫折面前低头，对生命毫无敬畏。因此，我们有必要学会面对成长中的挫折和苦难，学会为生命减压，在花样青春里，为生命而加油。	
班会要点	1．情景导入，引入主题。 2．事件再现，激励学生。 3．真情倾诉，心灵减压。 4．做出承诺，为生命加油。 5．真情呼吁，青春洋溢。	
班会准备	1．准备主持人主持词。 2．搜集有关生命教育的资料、案例，总结应对方法。 3．为每位同学准备一张精美的书签。	
班会目标	目标类型	目标要求
	认知目标	理解人的生命只有一次，要珍爱生命。
	能力目标	1．具有应对挫折的勇气、笑对困难及挑战挫折的乐观精神。 2．具备搜集资料能力、归纳能力和人际交往能力。
	情感目标	1．勇于面对、战胜困难。 2．珍惜生命，热爱生活，正确面对困难和挫折，努力实现人生价值。
班会方法	案例教学法等。	
课　　时	2课时。	
班会过程		

时　　间		地　　点	
主 持 人		班　　级	

环节一：情景导入，引入主题

播放歌曲《命运交响曲》，师生安静聆听。

小结：《命运交响曲》是音乐家贝多芬在丧失听力的情况下创作的。面对挫折与不幸，贝多芬扼住了命运的喉咙，谱下了音乐史上光辉的乐章，也奏响了生命的最强音。人生总会经历坎坷，总会碰到很多不如意的事情，但我们相信不经历风雨怎么见彩虹，阳光总在风雨后。只要能调节好自己的心态，珍爱生命，把握好生命的节拍，人生将会更加精彩！这就是今天我们要一起探讨的问题：花样青春，为生命加油。

环节二：事件再现，激励学生

1. 事件回放：展示一件发生在校园里的不愉快事件，如青少年跳楼事件、校园欺凌事件等。（引导学生畅谈感想）

2. 播放有关宝贵生命和精彩人生的视频，学生畅谈感想。

小结：人的生命只有一次，面对艰难、痛苦、挫折、困境时，我们要珍惜自己的生命，永远不伤害自己。

环节三：真情倾诉，心灵减压

1. 用10分钟倾诉使自己心情压抑的烦恼，将其写在白纸上。（同学们倾诉自己的烦恼，缓解压力）

2. 设置问题：请同学们谈谈当你心情压抑时，你会怎样处理？同学们主动说出应对方法。

3. 引出“心灵减压五法”。

心灵减压第一法：转移法。当你感到巨大压力时，做一些自己喜欢的事，如听音乐、看喜剧片、讲笑话、运动等。

心灵减压第二法：宣泄法。可以在僻静处大声喊叫或放声大哭，也可以把怒气宣泄在枕头或布娃娃身上。

心灵减压第三法：求助法。当你需要别人倾听、提出建设性的意见和帮助时，尽管开口。

心灵减压第四法：倾诉法。将烦恼压力，通过QQ、微博、微信、发泄墙等告诉你的朋友，或向家长、老师倾诉，还可以去找心理老师。

心灵减压第五法：读书法。在书的世界遨游时，一切忧愁悲伤便会烟消云散。

环节四：我们承诺——花样青春，为生命加油

在刚才提出的减压方法中选出你认为最好的方法来，写在彩色卡片上，并写上自己的名字，然后把它贴到教室后面的墙上。

这就是和同学们的共同承诺——花样青春，为生命加油。希望我们在以后的学习生活中心情不好时，能想到这几种方法。

环节五：真情呼吁，青春洋溢

让每位同学拿出班会开始时发的信封中的书签，在书签上写“至少还有我”，在这句话的前面或后面再补充一句自己最想对同学说的话，签上自己的名字，然后赠送给你要好的同班同学，并再次用真诚的声音对你的同桌或好朋友说出这一句话（同学找到同桌或朋友，互赠勉励，相拥而喊）。

小结：希望各位同学用你的笑靥，用你的活力去感染周围的每一个人。

环节六：班会主题拓展与升华，班主任点评

人的成长道路总是有坎坷的，让我们保护花样的青春，为生命加油！让我们越过彷徨，抛掉烦恼，释放悲伤，正视失败，珍爱生命，洋溢青春，懂得面对一切困难。学会给自己减压，给心灵减压，只要我们走过了这一道坎，青春就会绽放光彩！让我们一起为生命喝彩！

主题班会结束！

所思、所感、所悟

第四章

爱国教育

导 言

如果奇迹有色彩，那一定是绚烂的中国红！时光如水，日月如梭，但那些伟大的历史瞬间总会被人们铭记。1949年，毛泽东同志带领中国人民成立了中华人民共和国；1978年，邓小平同志为中华民族的振兴绘制了宏伟的蓝图。在中国共产党的领导下，经过改革开放四十多年的建设，我国的经济高速发展，国家实力日益增强，人民生活水平迅速提高，祖国变得更加美丽。祖国母亲满腔热情地向着更高、更强、更美好的未来前进。让我们一起谱写一首赞颂她的期望之歌，展望她更加美好的明天。

图4-0-1 祖国在我心中

第一节 厉害了，我的国

<table>
<tr><td>班会背景</td><td colspan="3">习近平总书记说：“人民有信仰，民族有希望，国家有力量。”中国共产党带领中国人民迈进了中国特色社会主义新时代，国产C919大型客机惊艳亮相，一条条高速铁路穿山而过，人类历史上最大的500米口径球面射电望远镜(FAST)举世瞩目，生产总值增速稳居世界第一，全世界最大的基本医疗保障网令人惊叹……鲜活、有力、震撼人心的画面和数字，记载着中华民族的沧桑巨变和国家力量，让我们树立爱国主义情怀，弘扬爱国主义精神，凝聚起同心共筑中国梦的磅礴力量。</td></tr>
<tr><td>班会要点</td><td colspan="3">1.播放《厉害了，我的国》专题片。
2.简要介绍新中国成立几十年来的重大成就。
3.开展以祖国近年来科技、文化、基建、艺术等成就为主题的知识问答。
4.发表对祖国未来的展望和对自己未来的期望。
5.班主任点评。
6.合唱歌曲《我和我的祖国》。</td></tr>
<tr><td>班会准备</td><td colspan="3">1.准备主持人主持词。
2.搜集祖国宣传的专题片、图片、音乐、介绍等。
3.合练歌曲。
4.准备知识竞赛题目及小礼品。</td></tr>
<tr><td rowspan="4">班会目标</td><td>目标类型</td><td colspan="2">目标要求</td></tr>
<tr><td>认知目标</td><td colspan="2">1.认识新中国的发展历程。
2.了解祖国几十年来的发展史。
3.认识祖国在世界舞台的地位和重要作用。
4.了解祖国在科技、文化、教育等各个领域的尖端成就。</td></tr>
<tr><td>能力目标</td><td colspan="2">能以祖国发展、繁荣昌盛为己任。</td></tr>
<tr><td>情感目标</td><td colspan="2">1. 培养爱国主义情怀。
2. 增强爱国意识，为国家的繁荣昌盛而努力。</td></tr>
<tr><td>班会方法</td><td colspan="3">专题介绍法等。</td></tr>
<tr><td>课　　时</td><td colspan="3">2课时。</td></tr>
<tr><td>班会过程</td><td colspan="3"></td></tr>
<tr><td>时　　间</td><td></td><td>地　　点</td><td></td></tr>
<tr><td>主 持 人</td><td></td><td>班　　级</td><td></td></tr>
</table>

环节一：序言导词

中国是一个文明悠久的古国，一个十四亿多人口的大国。曾几何时，人民吃不饱，更是任人欺凌，被讥笑为“东亚病夫”。在中国共产党的领导下，经过不懈奋斗，终于雄狮怒吼，我们站起来了，我们富起来了，我们更是强起来了！时光如水，日月如梭，但那些伟大的历史瞬间总会被人们铭记。

环节二：赏析《厉害了，我的国》专题片

看完后，可以讲解其中部分内容，请同学们谈感想。

图4-1-1 厉害了，我的国

环节三：成就讲解

搜集祖国取得伟大成就的图片，并讲解背后的故事。教师对讲解到位的同学予以奖励。

图4-1-2 三峡大坝

图4-1-3 港珠澳大桥

图4-1-4 首趟中欧班列（伦敦—义乌）

图4-1-5 京张高铁

环节四:开展以祖国近年来科技、文化、生产、艺术等成就为主题的知识竞赛

事先准备好知识竞赛的题目,以PPT形式进行展示。同学们分为若干个小组,以小组形式进行比赛,第一轮为必答环节,共10题,各小组上交纸质答案,答对一题积5分。

第二轮为抢答环节,共10题,先起立者答题,答对积10分,答错扣5分。两轮积分之和最高的小组获胜,获得小奖品。

环节五:从数字看改革开放给中国带来的沧桑巨变

1. 1978年,中国的经济总量占全球1.8%,当时的中国是一个极其贫穷和微不足道的国家。2017年,中国是全球的第二大经济体,经济总量占全球15%。

2. 1978年,中国没有超过200米的高楼大厦。今天,全世界10幢最高的大楼中有8幢在中国。

3. 1978年,中国没有一家民营企业,全都是国企且在世界500强中微不足道。2017年,世界500强企业中,中国企业数量已经达到了115家,其中有超过25家是民营企业。

4. 1978年,中国一年的汽车产量是10万辆。今天,中国是全球第一大机动车产销国。

(数据参考:《吴晓波:中国经济的四个动力》)

环节六:同学发言,发表对祖国未来的展望和对自己未来的期望

同学们积极发言,展望祖国的未来,期待自己的未来。

环节七:班主任点评

中国进行改革开放,顺应了中华儿女要发展、要创新、要美好生活的历史要求,中国特色社会主义进入了新时代,中华民族将迎来伟大复兴的历史时刻,将深刻改变我们的祖国,我们每一位中华儿女都应坚定信心,为实现中华民族伟大复兴贡献自己的力量。

中国梦就是要实现国家富强、民族振兴、人民幸福。为实现中华民族伟大复兴的梦想,全国人民要牢记使命,心往一处想,劲往一处使,汇集每个中国人的智慧和力量,一往向前,中国梦实现指日可待!

环节八：全班同学共同合唱歌曲《我和我的祖国》

主题班会结束！

所思、所感、所悟

第二节　青春献给祖国

<table>
<tr><td>班会背景</td><td colspan="3">党的十九大报告指出:从2035年到21世纪中叶,在基本实现现代化的基础上,再奋斗十五年,把我国建成富强民主文明和谐美丽的社会主义现代化强国。到那时,我国物质文明、政治文明、精神文明、社会文明、生态文明将全面提升,实现国家治理体系和治理能力现代化,成为综合国力和国际影响力领先的国家,全体人民共同富裕基本实现,我国人民将享有更加幸福安康的生活,中华民族将以更加昂扬的姿态屹立于世界民族之林。
党的十九大报告指出:青年兴则国家兴,青年强则国家强。青年一代有理想、有本领、有担当,国家就有前途,民族就有希望。中国梦是历史的、现实的,也是未来的;是我们这一代的,更是青年一代的。中华民族伟大复兴的中国梦终将在一代代青年的接力奋斗中变为现实。
党的十九大报告指出:广大青年要坚定理想信念,志存高远,脚踏实地,勇做时代的弄潮儿,在实现中国梦的生动实践中放飞青春梦想,在为人民利益的不懈奋斗中书写人生华章!
为了使同学们培养爱国主义情怀,树立正确的爱国精神,鼓励当代中职学生为祖国的繁荣昌盛而努力,特开展“青春献给祖国”的主题班会。</td></tr>
<tr><td>班会要点</td><td colspan="3">1.介绍爱国主义精神。
2.学习革命先辈的英勇报国事迹。
3.培养爱国主义情操。</td></tr>
<tr><td>班会准备</td><td colspan="3">1.准备主持人主持词。
2.搜集相关的视频、图片、音乐、文字等资料,搜集爱国人士的优秀事迹、生平介绍等。
3.集体朗诵《少年中国说》。</td></tr>
<tr><td rowspan="4">班会目标</td><td>目标类型</td><td colspan="2">目标要求</td></tr>
<tr><td>认知目标</td><td colspan="2">1.认识什么是正确的爱国主义精神。
2.了解历史上爱国名人的优秀事迹。
3.认识爱国精神的重要性与必要性。</td></tr>
<tr><td>能力目标</td><td colspan="2">1.树立正确的爱国主义人生观、价值观。
2.能够正确地爱国。</td></tr>
<tr><td>情感目标</td><td colspan="2">1.培养爱国情怀,增强爱国意识。
2.在心里种下爱国的种子并让它健康成长。</td></tr>
<tr><td>班会方法</td><td colspan="3">故事法。</td></tr>
<tr><td>课　　时</td><td colspan="3">2课时。</td></tr>
<tr><td>班会过程</td><td colspan="3"></td></tr>
<tr><td>时　　间</td><td></td><td>地　　点</td><td></td></tr>
<tr><td>主 持 人</td><td></td><td>班　　级</td><td></td></tr>
</table>

环节一:认识爱国主义精神

爱国是对祖国最深厚的感情。它同为国奉献、对国家尽责紧紧地联系在一起。爱国主义是一种崇高的思想品德。

爱国主义是中华民族民族精神的核心。近代以来,中国人民为争取民族独立和解放进行的一系列抗争,就是中华民族觉醒的历史进程,就是中华民族精神升华的历史进程。当中国遭到帝国主义列强的疯狂侵略,出现亡国的危机时,中华儿女的爱国主义精神更是被激发出来,越发显示出它的战斗锋芒和精神力量。从孙中山、黄兴、邹容、秋瑾等到李大钊、毛泽东、周恩来、朱德、彭德怀等,都继承了中华民族“以天下为己任”的爱国主义优良传统,将振兴中华的责任置于肩上。

环节二:爱国主义精神的重要性

民族精神是一个民族赖以生存和发展的精神支撑。一个民族,没有振奋的精神和高尚的品格,不可能自立于世界民族之林,培养爱国主义精神是培养民族精神的核心。爱国主义在不同时代有不同的内涵,在社会发展的不同阶段、不同时期有不同的具体内容。

环节三:学习革命先辈的英勇报国事迹

(一)人民的好总理——周恩来

人民敬爱的周恩来总理,为了新中国,他日夜操劳,像蚕一样将最后一根丝吐尽。有人称他为“六无君子”:死不留灰、生而无后、官而不显、党而不私、劳而无怨、去不留言。

12岁的周恩来随伯父到沈阳东关模范学校学习。一次,校长在课堂上问大家为什么读书时,周恩来慷慨答道:“为中华之崛起而读书!”这一誓言,此后贯彻在他的一生中,渗透在他的各项活动中,他为中华民族解放做出了巨大贡献。

(二)数学家华罗庚毅然回国

大数学家华罗庚,在七七事变后,从待遇优厚的英国回到抗日烽火到处燃烧的祖国,不为金钱和学位,积极参加抗日救国运动。1949年,他已经成为国际知名的一流数学家,并被美国伊里诺依大学聘为终身教授,但他毅然带领全家回到刚解放的祖国。

(三)爱国英雄杨靖宇

1940年初,杨靖宇被日军围困,身负重伤,啃不动树皮,只能将棉衣里的棉花和着冰雪吞下去充饥。日军劝降不成,便放乱枪,年仅35岁的杨靖宇壮烈牺牲。残忍的日军剖开他的遗体,当看到他的胃里只有野草和棉絮时,这些被杨靖宇带领的抗日联军弄得焦头烂额的侵略者全呆住了。在冰天雪地的长白山密林中，支撑着杨靖宇与敌人战斗的力量是对祖国的一腔热爱之情。

（四）宁死不屈、英勇就义的女英雄——刘胡兰

刘胡兰，1932年生于山西省文水县云周西村一个贫苦农民家里。她从小便接受共产党的教育，积极参加革命斗争。1947年1月12日，她在山西军阀军队突然袭击云周西村时被捕。刘胡兰在敌人的威胁面前，坚贞不屈，大义凛然地说："只要有一口气活着，就要为人民干到底。"阎军计穷，又将同时被捕的六个农民当场铡死，但她毫不畏惧，从容地躺在铡刀下，壮烈牺牲。毛泽东为她题词："生的伟大，死的光荣。"

在以上的案例中什么精神值得我们学习？

环节四：搜集典型人物事迹

搜集近现代为祖国繁荣昌盛付出毕生精力的典型人物的事迹，并讲给全班同学听，再听听同学们的感悟。

环节五：班主任点评

青年兴则国家兴，青年强则国家强。国家是大家的，爱国是每个人的本分，作为21世纪的青年，我们应拥有一颗报效祖国的心，以自己的青春与精力全心全意地报效祖国。让我们脚踏实地，以振兴民族为己任，树立远大的共产主义理想，用自己的一腔热血为实现共产主义而奋斗，用自己的智慧与力量建设祖国，不断进取，不断创新，永远向前进，让我们的祖国以崭新的姿态屹立在世界的东方。

环节六：朗诵《少年中国说》

少年中国说

（摘选）

梁启超

少年智则国智，少年富则国富，少年强则国强，少年独立则国独立，少年自由则国自由，少年进步则国进步，少年胜于欧洲，则国胜于欧洲，少年雄于地球，则国雄于地球。

红日初升，其道大光。河出伏流，一泻汪洋。

潜龙腾渊，鳞爪飞扬。乳虎啸谷，百兽震惶。

鹰隼试翼，风尘翕张。奇花初胎，矞矞皇皇。

干将发硎，有作其芒。天戴其苍，地履其黄。

纵有千古，横有八荒。前途似海，来日方长。

美哉，我少年中国，与天不老！

壮哉，我中国少年，与国无疆！

主题班会结束！

所思、所感、所悟

第五章

礼仪教育

导 言

礼仪是对礼节、礼貌、仪态和仪式的统称。礼仪是人们在社会交往活动中，为了相互尊重，在仪容、仪表、仪态、仪式、言谈举止等方面约定俗成的，共同认可的行为规范。礼仪也可表达为人际交往中的艺术、方式或方法，它是一个人内在修养和素质的外在表现，也是在与他人交往中相互沟通的技巧。

中职学生重视礼仪，是讲文明、有礼貌的表现，是个人的内在修行，也是将来走向社会交往的必备素质。如果从一点一滴做起，养成了良好的文明礼貌行为习惯，将来在社会生活和工作中，才能受人尊重，才能建立良好的人际关系，才能对事业发展有所帮助。

图5-0-1 礼仪展示

第一节　校园基本礼仪

<table>
<tr><td>班会背景</td><td colspan="3">接受基本的礼仪教育，掌握合适的礼仪规范，并落实到自觉的行动中，做文明的使者，将让我们终身受益。</td></tr>
<tr><td>班会要点</td><td colspan="3">1. 了解校园礼仪基本知识。
2. 培养道德礼仪修养、分辨能力、遵守规章制度能力。
3. 在思想和行为上把学到的校园礼仪知识落到实处。</td></tr>
<tr><td>班会准备</td><td colspan="3">1. 采集同学们在升旗时和在课堂、餐厅、寝室中的校园生活的实景照片。
2. 搜集有关升旗、课堂、餐厅、寝室等的校园基本礼仪规范常识和图片，制作成视频。
3. 准备一份校园基本礼仪调查问卷。
4. 布置教室并准备好多媒体设备。</td></tr>
<tr><td rowspan="4">班会目标</td><td>目标类型</td><td colspan="2">目标要求</td></tr>
<tr><td>认知目标</td><td colspan="2">1. 认识校园不文明行为产生的后果。
2. 了解校园礼仪的具体内容。</td></tr>
<tr><td>能力目标</td><td colspan="2">1. 掌握课堂、宿舍、餐厅、升旗、集会等校园礼仪的具体要求。
2. 有意识地杜绝一些不文明现象。</td></tr>
<tr><td>情感目标</td><td colspan="2">乐于让文明礼仪成为日常生活的习惯。</td></tr>
<tr><td>班会方法</td><td colspan="3">案例教学法等。</td></tr>
<tr><td>课　　时</td><td colspan="3">2课时。</td></tr>
<tr><td>班会过程</td><td colspan="3"></td></tr>
<tr><td>时　　间</td><td></td><td>地　　点</td><td></td></tr>
<tr><td>主 持 人</td><td></td><td>班　　级</td><td></td></tr>
</table>

环节一:观看照片连播“校园生活中的我们”

播放同学们在升旗时和在课堂、餐厅、寝室中的校园生活的实景照片,发现校园中的不文明行为与文明行为,通过对比,认识校园礼仪的重要性,并向同学们提出问题:

1. 你在照片中发现了哪些不文明行为?
2. 照片中哪些文明现象值得我们学习?
3. 看完照片后有什么感受?

环节二:填写校园礼仪调查问卷

填写班会前准备好的校园礼仪调查问卷。

环节三:案例讲述

讲述案例并组织同学们分组讨论:这几种现象造成了哪些严重后果?针对这几种情况我们该怎么做?

(一)叫外号给同学带来的沉重压力

小涛(化名)学习成绩优异,由于脸上长满了粉刺,同学们都喊他“麻瓜脸”,刚开始只是几个同学拿他开开玩笑,后来不仅班上所有同学都喊他“麻瓜脸”,连隔壁班上的同学都知道了他的这个绰号,不时拿他开玩笑。小涛表面虽然不吭声,心里却不好受。他开始整天低着头,掩着鼻子,不敢抬头看人,不愿到操场跟同学玩,到后来不愿走出家门,更不愿意去上学,整天嚷着要妈妈带他去医院整容。

(二)同学的嘲笑让她很受伤

小琴,一个活泼开朗的女孩,身高1.55米,体重65千克。班会活动课上,她自告奋勇表演了一段舞蹈,却听到几个男同学的议论:“那么胖,还跳舞!勇气可嘉!”从那以后,小琴再也不愿意在大家面前唱歌跳舞,话也越来越少,平时没事就看电视、玩手机。她一改活泼开朗的劲头,一天天变得内向起来,有时整日不和同学交流。

(三)手机成了课堂上的聊天工具

父母给小马买了一部新款智能手机。尽管学校规定学生不准把手机带到校园,但每天上学,小马还是把心爱的手机带在身边。小马说:“课堂上,趁老师没注意,我会忍不住把手机拿出来发短信、玩游戏,觉得特别开心。”根据调查发现,有90%以上的同学拥有手机,大部分的学生都说购买手机的主要用途是与同学和老师沟通、与父母联系。但实际使用中,与父母联系却成了无足轻重的一部分。多数同学把手机用在和朋友聊天、听音乐、玩游戏、上网、看抖音、拍照和摄像上。以往上课传字条、交头接耳已经过时了,发朋友圈才是“流行方式”,甚至有些同学上课听烦了,就偷偷摸出手机塞上耳机听音乐或者打游戏。

通过以上三个案例,你体会到了什么?请同学讨论作答。

环节四:校园基本礼仪培训

图5-1-1 礼仪常识

(一)仪表礼仪

学生在校期间,仪表以端庄、自然、质朴为好。

1. 在公共场合男生不得打赤膊、穿背心和裤衩,女生不得穿低胸露脐、无袖、透明的服装。

2. 男女同学都不烫发、染发,男生不留长发(头发以不遮住耳朵和眼睛为准)和胡子;女生不披头散发,应剪短发或扎马尾。

3. 保持头发、面部、口腔、手脚及服饰的整洁。(不化妆,不文身,不留长指甲,不涂指甲油,不佩戴项链、耳环或耳针、戒指、手链、手镯等饰物,不戴墨镜、装饰帽子)

(二)尊师礼仪

古人云:"一日为师,终身为父。"作为学生应懂得尊重老师。

1. 尊重老师的劳动(认真上好每一堂课,取得良好的学习成绩,这是对老师最大的尊重)。

2. 尊重老师的人格。(热爱和尊敬自己的老师,自觉维护老师的威信;要虚心接受老师批评,不顶撞老师)

3. 注重礼仪形式。(言行有礼,见到老师应问好、行礼;上下课要起立迎送;要虚心接受老师批评,不可顶撞老师)

4. 对学校里所有的教职工(班主任、任课教师、管理人员、校医、其他人员)要一视同仁，尊敬对方，礼貌相待。

（三）课堂礼仪

上课预备铃响，同学们应进入课堂，做好上课准备；上课铃声响，教师宣布上课，班长发出“起立”口令后，全体同学起立，向教师行注目礼；下课铃声响，教师宣布下课，班长带领全体同学起立，向教师行注目礼，教师还礼并示意学生可以离开；迟到者应先向教师报告，得到允许后才能入座；自觉接受教师的考勤点名；认真听课，上课时不得使用手机等；保持课堂安静，不在课堂上吃零食，保持教室卫生，不做与教学内容无关的活动；不得早退。有特殊情况，须经教师允许才能提前离开课堂。

（四）宿舍礼仪

宿舍主要是供同学休息的场所，良好的宿舍环境和秩序，有助于良好道德和情操的形成，有助于同学们更好地休息、学习和生活。因此，同学们要自觉遵守宿舍礼仪规范，维护良好的宿舍环境与秩序。

1. 严格遵守宿舍作息制度。

2. 保持宿舍内外整洁。

3. 爱护宿舍的设施，不在宿舍乱拉电线及使用违章电器。

4. 舍友间应相互尊重、相互包容，不可随意留宿外来人员。

5. 积极配合宿舍管理老师做好寝室管理工作。

（五）餐厅礼仪

1. 就餐卫生。（饭前洗手，保持餐桌和地面整洁干净等）

2. 就餐秩序 。（自觉排队、保持安静等）

3. 勤俭节约。（爱惜粮食、按需购买、不暴饮暴食）

图5-1-2　就餐礼仪

（六）升旗礼仪

按时参加，统一着装，列队。面向国旗，升国旗、奏国歌时，全体同学应肃立、脱帽，向国旗行注目礼。（在校外，遇到升旗仪式时应马上肃立，面向国旗，行注目礼，待升旗仪式完毕后再行走）

（七）集会礼仪

提前到达，准时列队入场，并在指定位置坐好或站好；认真专心，不做与集会无关的事；适时鼓掌，不喝倒彩；爱护公共设施；保持会场干净整洁；集会结束，有序退场，不拥挤打闹。正常情况下，应让领导、老师、客人先走，男同学让女同学先走。

（八）同学间的交谈礼仪

虽然同学之间的交谈较随意，但也要遵守一定的礼仪规范，要做到：态度诚恳、谦虚、语言文雅、言而有信。

环节五：基本礼仪知识抢答

分组进行抢答活动，评出各小组名次，通过活动提高同学们的积极性，从而检验同学们对知识的掌握效果。

1. 学生进入教师办公室，应先征得教师同意。（对）
2. 没事的时候可以随意到老师办公室玩耍。（错）
3. 课前准备不是正式上课时间，所以无关紧要。（错）
4. 遵守课堂纪律是基本礼貌。（对）
5. 在食堂打饭时，我来晚了，就插在别的同学的前面。（错）
6. 不是教我们的老师，见面时可以不打招呼。（错）

环节六：分析调查问卷

对校园文明礼仪调查问卷进行分析，根据拿到的调查问卷分析同学的答卷是否合理，如不合理请写出你的理由。

环节七：班会主题拓展与升华，班主任点评

文明礼仪是一个人心灵的反映，也是社会文明进步的标志。我国几亿18岁以下的未成年人的健康成长状况，直接关系到无数家庭的幸福，影响到社会和谐与进步。我国农村人口比较多，其中，离异家庭儿童及留守儿童占了农村儿童的绝大部分，其家庭的教育意识低，严重影响了学生整体素质的提高。少成若天性，习惯如自然。青少年行为习惯原则中最重要的三条：一是早，也就是从小抓起；二是小，也就是从小事做起；三是反复训练，才有效果。同学们的心灵是一块神奇的土地，播上思想的种子，就会获

得行为的收获;播上行为的种子,就会获得习惯的收获;播上习惯的种子,就会获得品德的收获;播上品德的种子,就会获得命运的收获。良好的礼仪习惯是一种资本,可以转化为一个人内在的性格、情操,影响一个人一生的发展。望大家持之以恒!

主题班会结束!

所思、所感、所悟

第二节　有“礼”走遍天下

<table>
<tr><td>班会背景</td><td colspan="3">中职学校学生面临就业压力，在校期间除了学习专业知识，储备相应的岗位技能外，人际沟通、社会交往、职业礼仪也是中职学生立足社会的必修课。</td></tr>
<tr><td>班会要点</td><td colspan="3">1. 学会并积极实践沟通技巧，纠正不良习惯，建立稳定良好的人际关系。
2. 自觉遵循社会道德规范以及相应的社会交往礼仪。
3. 深刻理解养成良好职业礼仪对自己未来成长发展的作用。</td></tr>
<tr><td>班会准备</td><td colspan="3">1. 全班分成2个小组；准备几支康乃馨、玫瑰或菊花；准备多媒体演示课件；准备轻松柔和的背景音乐。
2. 准备有关社会交往礼仪的案例、故事或笑话，可事先制作成PPT；下载小品《家访》；准备一副手套。
3. 召开班委会布置主题活动，做好活动策划及活动场地布置等；搜集相关职业礼仪材料；搜集职业礼仪成功或失败案例。</td></tr>
<tr><td rowspan="4">班会目标</td><td>目标类型</td><td colspan="2">目标要求</td></tr>
<tr><td>认知目标</td><td colspan="2">1. 了解人际沟通礼仪方面的知识，提高文明意识，养成文明行为的习惯。
2. 深刻理解养成良好职业礼仪对自己未来成长发展的作用。</td></tr>
<tr><td>能力目标</td><td colspan="2">1. 学会并积极实践沟通技巧，纠正不良习惯，建立稳定而良好的人际关系。
2. 能够自觉遵循社会道德规范以及相应的社会交往礼仪。
3. 全面提升自身素质，将自己打造成健康向上、综合全面的中职学生。
4. 会用合理的礼仪营造良好的人际关系。</td></tr>
<tr><td>情感目标</td><td colspan="2">通过养成教育，懂得职业活动礼仪的重要性。</td></tr>
<tr><td>班会方法</td><td colspan="3">情景模拟法等。</td></tr>
<tr><td>课　　时</td><td colspan="3">3课时。</td></tr>
<tr><td>班会过程</td><td colspan="3"></td></tr>
<tr><td>时　　间</td><td></td><td>地　　点</td><td></td></tr>
<tr><td>主 持 人</td><td></td><td>班　　级</td><td></td></tr>
</table>

环节一:人际沟通训练——即兴表演

请同学根据以下特定情景做即兴表演。

场景一:与爱唠叨的妈妈对话。(妈妈与孩子的沟通)

场景二:接受老师批评时的对话。(老师与学生的沟通)

图5-2-1 主题班会表演

环节二:社交礼仪知识学习

初次见面是陌生的双方开始交往的起点,让对方对自己形成良好的第一印象,是良好交往的开端。

(一)自我介绍

进行自我介绍一定要力求简洁,时间以半分钟为佳。自我介绍时,要清楚地报出自己的姓名和身份,语气要自然,语速要正常,语音要清晰,把握好对自己的评价、神态。可以先面带微笑,温和地看着对方说声:"您好!"以引起对方的注意,然后报出自己的姓名、身份,并简要表明结识对方的愿望或缘由。在自我介绍的过程中,态度务必自然、友善、亲切、随和。要充满信心和勇气,敢于正视对方的双眼,显得胸有成竹。进行自我介绍时所表述的各项内容,一定要实事求是,真实可信,不可自吹自擂,夸大其词。

(二)介绍他人

首先要准确了解被介绍双方的身份、地位等基本情况。把握好介绍的顺序,原则是"位尊者有优先知情权"。先把地位低者介绍给地位高者,先把年轻者介绍给年长者,先把男士介绍给女士。介绍他人时,应多用敬语,在较正式的场合介绍词也应郑重:"某某,请允许我向您介绍某某。"把握好介绍的仪态,正确的做法:直立站好,上体稍向前倾,眼神注视被介绍者,伸出右手,掌心向上,四指并拢,拇指张开,指向腰际上方,不要东张西望。

（三）握手

在握手时应从握手的姿势、神态、力度、时间和顺序等方面做到合乎规范。

1. 握手的姿势：要站着握手，要用右手相握（左手是失礼的举动）。

2. 握手的神态：与人握手时神态应专注、热情、友好、自然。在通常情况下，与人握手时，应面含微笑，目视对方双眼，并且口道问候。

3. 握手的力度：握手时用力应适度，不轻不重，恰到好处。

4. 握手的时间：握手的时间应根据与对方的亲密程度而定，通常是握紧后打过招呼即松开。

5. 握手的顺序：尊者居前，即地位高的人先伸手。男人和女士握手，女士先伸手；长辈和晚辈握手，长辈先伸手；上级和下级握手，上级先伸手。但是，登门拜访时是例外，宾主见面时该由主人先伸出手问候，辞行时由客人先伸手道别。

（四）拜访

1. 提前预约，准时赴约，以免扑空或扰乱主人的计划。同时应注意几个时间上的问题：如避开主人休息、就餐等固定生活习惯的时间；拜访时间通常宜短不宜长。

图5-2-2　校园礼仪大赛

2. 服饰整洁大方，举止得体。拜访时应彬彬有礼，注意交往细节。如：进入前应敲门或按门铃，进门后应向主人致意，致意要注意顺序；主人敬茶或递食物时，应起身或欠身双手接过，并说谢谢，饮料一般只要打开后，应在辞行前喝完；在主人未主动邀请或引导的情况下，不要随意走进主人的其他房间；不要擅自翻动主人的书信、报刊等物品。

3. 把握告辞时间、时机，注意告辞的方式。一般拜访者应适时主动提出告辞；告辞时要同主人和其他客人一一告别，说“再见”“谢谢”。主人相送时，应说“请回”“留步”“再见”。

(五)接待

1.准备充分,恭候迎接。主人应特别注意仪容仪表,蓬头垢面、衣冠不整地迎客是非常失礼的。

2.礼貌周全,热情招待。礼貌敬茶,规范言行,营造和谐气氛。

3.善始善终,恭敬送客。婉言相留,感谢馈赠,恭敬相送。

(六)交谈

交谈时应注意思想和情感的表达。交谈中,不注意礼仪规范,或用错了一个词,或多说了一句话,或不注意词语的色彩,或选错话题等而导致交往失败的事时有发生。因此,在交谈中必须注意礼仪规范,才能达到交流信息、沟通思想的目的。应该做到:讲究语言艺术;使用礼貌用语;要有效选择话题,提高交谈的实效性;要学做最佳听众,要有耐心、能会心、表热心。

环节三:赏析小品《家访》

请同学们正确分析小品中的人物形象和行为举止,并说出自己的观点。

环节四:职场礼仪知识学习

(一)下属对领导应有的礼仪

尊重领导,自觉维护领导的尊严,公开场合不宜采用有失双方身份的方式进行交流,确实有意见分歧,选择适当场合交换意见;遵从领导指挥,对领导在工作方面的安排应服从;对领导的工作不能求全责备,应多提意见建议,不要在同事之间随意议论领导、指责领导;提建议要讲求方法,一定要考虑场合和方式方法,以使领导易于接受。

(二)领导对下属应有的礼仪

尊重下属的人格,这是领导最基本的修养和对下属最基本的礼仪;宽待下属,领导要心胸开阔,对下属的失礼、失误应用宽容的胸怀对待,尽力帮助下属改正错误;善于听取下属的意见和建议。

(三)平级同事之间的礼仪

同事是与自己一起工作的人,与同事相处直接关系到工作、事业的进步与发展。同事之间关系融洽、和谐,会使你感到心情愉快,利于工作的顺利进行,能促进事业的发展。反之,同事关系紧张,相互拆台,经常发生摩擦,就会影响正常的工作和生活,阻碍事业的正常发展。

处理好同事关系,在礼仪方面应注意:相互尊重、宽以待人、主动打招呼、公平竞争、诚实守信、对同事的困难表示关心、不在背后议论同事的隐私等。

环节五：班会主题拓展与升华，班主任点评

礼仪教育是一个宽泛的主题，不是一堂班会课就能解决的，需要我们每个同学在日常生活中不断地学习、积累。同学们要想获得生存和发展的本领，就必须学会为自己创造一个良好的外部人际环境。良好的人际交往能够促进我们的社会进步，深化我们的自我认识，能够为同学们个性的发展与完善创造条件。在日常教育中我们都听说过这样的案例，某位同学因同学之间产生了一些小矛盾而走上犯罪的道路，这些案例不得不引起我们的思考。为此，我们要在生活、学习、工作中正视和解决不愿交往、不懂交往、不善交往的问题。通过对人际交往相关礼仪知识的认识和理解，可以从中领悟到合适的方式方法，从而懂得掌握有效沟通、人际正常交往、建立良好优雅的职业形象是今后走向成功的基础和必备条件。礼仪不仅是理论，更是生活的实际。同学们的学生时期大多在校园里度过，一个良好的班级环境、校园环境会促进其对周围事物的正确认识，从而使其树立良好的人生观、世界观、价值观，从而对礼做到由内而外的认识、理解，并身体力行地践行。

主题班会结束！

所思、所感、所悟

第六章

法治教育

导 言

“遵纪守法，人人有责。”作为一个公民，我们要遵守国家制定的法律法规。当下，国家的法律法规越来越健全，我们熟知的有宪法、刑法、治安管理处罚法、未成年人保护法、教师法、商标法、劳动法等。我们要学习法律法规，让自己的人身权利得到保护，当我们心存法治，就会约束自己的行为，就不会感情用事，不会做违反国家规定、损害他人利益的事情。当我们的行为都符合法律、道德的规范，我们的社会就会和谐稳定，我们才能生活在一个自由民主的环境里，快乐和幸福才会伴随我们。

图6-0-1 法治安全教育

第一节　宪法伴我行

<table>
<tr><td>班会背景</td><td colspan="3">法治教育是新时期思想政治教育的一项重要、艰巨的任务。自党的十一届三中全会以来，特别是随着改革开放的不断深入，法治教育，越来越显示出它在职业教育的思想政治工作实践中的重要位置。《中华人民共和国宪法》是中华人民共和国的根本法，拥有最高法律效力。我们必须对其进行学习与领悟。</td></tr>
<tr><td>班会要点</td><td colspan="3">1. 理解宪法意义。
2. 介绍宪法的内容。
3. 学生自评、互评。
4. 班主任点评。
5. 谈谈收获。</td></tr>
<tr><td>班会准备</td><td colspan="3">1. 学生分五个小组查找宪法资料。
2. 准备宪法的视频、图片、案例。</td></tr>
<tr><td rowspan="4">班会目标</td><td>目标类型</td><td colspan="2">目标要求</td></tr>
<tr><td>认知目标</td><td colspan="2">1. 了解宪法的意义。
2. 了解宪法的大致内容。</td></tr>
<tr><td>能力目标</td><td colspan="2">1. 能用自己的话说出宪法的意义。
2. 能说出宪法的大致内容。
3. 能辨别违宪行为。</td></tr>
<tr><td>情感目标</td><td colspan="2">1. 培养法律意识，意识到法律的重要性和严肃性。
2. 增强对法律的求知欲和学法热情。</td></tr>
<tr><td>班会方法</td><td colspan="3">专题介绍法等。</td></tr>
<tr><td>课　　时</td><td colspan="3">2 课时。</td></tr>
<tr><td>班会过程</td><td colspan="3"></td></tr>
<tr><td>时　　间</td><td></td><td>地　　点</td><td></td></tr>
<tr><td>主 持 人</td><td></td><td>班　　级</td><td></td></tr>
</table>

环节一:宪法简介

1.《中华人民共和国宪法》是中华人民共和国的根本法,拥有最高法律效力。中华人民共和国成立后,曾于1954年9月20日、1975年1月17日、1978年3月5日和1982年12月4日通过四个宪法,现行宪法为1982年宪法,并历经1988年、1993年、1999年、2004年、2018年五次修订。

2.宪法是国家的根本法,规定了国家的根本制度和根本任务、国家机构、公民的基本权利和义务等重要内容,还规定国旗、国歌、国徽和首都以及其他重要制度,涉及国家各个方面。宪法具有最高法律效力,是制定其他法律的依据,一切法律、法规都不得同宪法相抵触。

3.根据宪法的规定,中华人民共和国全国人民代表大会为最高国家权力机关,是唯一有权修改宪法的机关。

4.全国人民代表大会常务委员会行使解释宪法的职权。

环节二:分组学习《中华人民共和国宪法》,并给全班同学讲解所学习内容

全班分为五个小组,每个小组派代表讲解宪法其中一章,需制作PPT。

第一组:序言。

第二组:第一章　总纲。

第三组:第二章　公民的基本权利和义务。

第四组:第三章　国家机构。

第五组:第四章　国旗、国歌、国徽、首都。

环节三:学生自评、互评,班主任点评

点评要点:1.小组代表展示内容准确度、完整度、丰富度。2.小组代表语言表达能力、台风。

环节四:班主任小结

2014年11月1日,十二届全国人大常委会第十一次会议经表决通过了全国人大常委会关于设立国家宪法日的决定,设立每年12月4日为国家宪法日。宪法作为国家的根本法,除确立了国家机构等内容外,更详细地规定了我国公民拥有的诸多基本权利

和义务，例如选举权和被选举权、人身自由权、劳动的权利与义务、受教育的权利与义务等。正是遵循宪法精神，才产生了婚姻法、劳动法、教育法等，公民因此享受到宪法规定的基本权利，也明确了负担的义务。所有的法律都必须根据宪法产生，不得违背宪法，违背宪法的法律是无效的。宪法规定了公民的基本权利和义务，使我们的人格、人身、财产受到保护。宪法是国法，宪法不是家法，也不是校规，而是规定整个国家基本制度的国法。所以，我们要了解、学习宪法，必须维护宪法的尊严。

环节五：谈谈收获

同学们自愿谈谈感想。

主题班会结束！

所思、所感、所悟

第二节　知法、懂法、守法，做文明法治学生

<table>
<tr><td>班会背景</td><td colspan="3">青少年犯罪，已呈现出了低龄化、团伙型、暴力型的趋势，已成为一个突出的社会问题。青少年犯罪大多因为其法律认知水平低下。由此可见青少年法律意识的培养十分紧迫和重要。同样，青少年也是弱势群体，需要学会拿起法律武器保护自己。</td></tr>
<tr><td>班会要点</td><td colspan="3">1. 学习与青少年有关的法律、法规。
2. 了解法律对青少年的重要性。
3. 案例学习。
4. 班主任小结。
5. 谈谈收获。</td></tr>
<tr><td>班会准备</td><td colspan="3">1. 搜集与青少年有关的法律、法规。
2. 分组搜集典型青少年违法案例。</td></tr>
<tr><td rowspan="4">班会目标</td><td>目标类型</td><td colspan="2">目标要求</td></tr>
<tr><td>认知目标</td><td colspan="2">1. 了解学习法律的意义。
2. 了解青少年应该遵守的法律的内容。</td></tr>
<tr><td>能力目标</td><td colspan="2">1. 能用自己的话说出知法、守法、懂法的意义。
2. 能说出与青少年日常行为有关的法律的内容。
3. 能辨识违法行为。</td></tr>
<tr><td>情感目标</td><td colspan="2">1. 培养法律的意识。
2. 增强学习和运用法律的热情。</td></tr>
<tr><td>班会方法</td><td colspan="3">案例教学法等。</td></tr>
<tr><td>课　　时</td><td colspan="3">2课时。</td></tr>
<tr><td>班会过程</td><td colspan="3"></td></tr>
<tr><td>时　　间</td><td></td><td>地　　点</td><td></td></tr>
<tr><td>主 持 人</td><td></td><td>班　　级</td><td></td></tr>
</table>

环节一：与青少年有关的法律、法规

1. 青少年应该学习与自身有关的法律法规，包括：未成年人保护法、预防未成年人犯罪法。青少年还应学习刑法、民法通则、继承法、婚姻法、收养法、劳动法等。

2. 学习途径：青少年可以观看教育部全国青少年普法网（网址：http://qspfw.moe.gov.cn）的学习内容。

图6-3-1 教育部全国青少年普法网网站首页

环节二：知法、懂法、守法对青少年的重要性

1. 知法、懂法有利于增强法律意识，可预防犯罪。

2. 知法、懂法、守法可对自身起到保护作用，比如《中华人民共和国未成年人保护法》保护未成年人的相关合法权益。

3. 知法、懂法、守法可在自身遇到不法侵害或自己的权利受到侵犯时，用法律捍卫自己的权益。

环节三：案例学习

案例1：2018年12月2日晚，12岁男孩吴某因不满母亲管教太严，被打后心生怨恨将母亲用刀杀死。吴某因未到法定年龄，已被警方释放。其父表示，想送孩子回学校但遭到多数家长抵制，村里民愤太高，只能带着他待在一家宾馆，想请求政府帮忙管教。

案例2：被告人潘某原系某学校兼职教师。2015年11月至2016年4月，潘某分别将学生吴某、赵某、朱某带至其家中，以不喝酒就是不尊敬老师为名，强行将3名被害人灌醉后留宿，趁被害人睡觉之际对3名被害人多次实施猥亵。

法院认为，被告人潘某利用教师身份，向被害人施压、劝酒致被害人醉酒，后趁被害人睡觉之际实施猥亵行为，已构成强制猥亵罪。依照刑法有关规定，以强制猥亵罪判处被告人潘某有期徒刑3年。

环节四：小结

通过这次班会，同学们感触颇深。法律与我们每个人都息息相关，它时时刻刻规范着我们的言行举止。作为在校学生，应该积极主动增强自己的法治意识、提高自己的安全防范意识、防卫能力和应对突发事件的应急、应变能力，以及抵御违法犯罪的能力。

主题班会结束!

所思、所感、所悟

第七章

安全教育

导 言

确保安全，是人类的本能欲望。它一般是指“不存在威胁”“不出事故”“不受侵害”“没有损失”的状态。只有按事物发展的规律办事才能让自己处于安全状态。安全具有时间和空间两重属性，所以教师常教导：不在特定的时间出现在不该出现的地方，就是在嘱咐学生们注意安全。

学生的人身安全隐患主要来源于交通事故、运动不当、溺水、自杀自伤、火灾、踩踏、实验实习实训伤害、食物中毒、暴力侵害（欺凌）、打架斗殴、玩笑过度、一时激愤、敲诈勒索、“早恋”、网络欺诈、自暴自弃等。认清来源，有助于防范。

学生的自身安全与个人理想、家庭幸福、校园和谐、社会稳定息息相关。“皮之不存，毛将焉附？”没有健全健康的人格体魄，何谈人生价值、生命价值？

图7-0-1 父母盼儿安全归

第一节　校园安全，从我做起

<table>
<tr><td>班会背景</td><td colspan="3">处于青春期的学生活泼好动，思维活跃，行动不受约束，正因为这样的特点，很多时候，他们会不自觉地让自己处于不安全的状态。为了让同学们减少危险行为，及时发现、排除身边的安全隐患，共同营造平安和谐的校园环境，特举行本次主题班会课。校园是我们学生时代的重要驿站，应该是最文明、最安全的地方，维护校园安全是我们每个学生的使命和职责。“校园是我家，爱护靠大家。”</td></tr>
<tr><td>班会要点</td><td colspan="3">1.典型案例学习、分析。
2.播放不安全行为、安全隐患小视频。
3.头脑风暴：寻找身边的安全隐患、不安全行为。
4.学生自我分析如何杜绝或处置我们已经发现的发生在身边的安全隐患、不安全行为。
5.共同朗诵《校园安全，从我做起》。
6.班主任点评。</td></tr>
<tr><td>班会准备</td><td colspan="3">1．准备主持人主持词。
2．提前制作不安全行为、安全隐患小视频。
3．搜集不少于三个不安全行为的典型案例。
4．准备一张大白纸、各种颜色的记号笔，在头脑风暴法中使用。</td></tr>
<tr><td rowspan="4">班会目标</td><td>目标类型</td><td colspan="2">目标要求</td></tr>
<tr><td>认知目标</td><td colspan="2">1.深入认识安全隐患和不安全行为。
2.进一步树立安全法治观念。</td></tr>
<tr><td>能力目标</td><td colspan="2">1.杜绝或排除已经发现的发生在身边的安全隐患、不安全行为，共同营造平安和谐的学习环境。
2.增强安全意识，具有防范校园安全事故、排除校园安全隐患的能力。
3.具有自我救护的素养和能力。</td></tr>
<tr><td>情感目标</td><td colspan="2">1.培养群防群治、联防联治的集体主义意识。
2.营造人人讲安全、懂安全、抓安全的大环境，共同打造“校园是我家，爱护靠大家”的理念。</td></tr>
<tr><td>班会方法</td><td colspan="3">案例教学法等。</td></tr>
<tr><td>课　　时</td><td colspan="3">2课时。</td></tr>
<tr><td>班会过程</td><td colspan="3"></td></tr>
<tr><td>时　　间</td><td></td><td>地　　点</td><td></td></tr>
<tr><td>主 持 人</td><td></td><td>班　　级</td><td></td></tr>
</table>

环节一：典型案例学习、分析

案例1：某年寒假后刚开学不久，某职校两名学生将应急照明灯长时间充电（时长达13小时，寝室无人），使蓄电池过热起火，引燃桌下纸箱内的打火机充气液造成火灾，致使寝室内的长条桌、储物柜等设施被毁，另有价值上万元的学生个人财物被烧毁。

案例2：某日凌晨，某校两名二年级学生在QQ上相互中伤，进而发生口角，其间张姓同学动用了锐器，在另一位同学头上留下很长的伤口，医疗费用高昂。

案例3：周末放假，回家心切的同学们不顾护学岗教师的指挥和学校大门口公路上红绿灯的提示，强过斑马线，差点儿引发群体交通事故。

案例4：某校学生张某在淘宝上购物后，收到QQ消息的加好友提示，便同意将“店家”加为好友。对方声称货物有瑕疵，需核实信息以便退款，张某将验证码发给对方，接着输入了银行账号和密码，导致银行卡中的钱被盗刷。

图7-1-1 安全护送

图7-1-2 安全隐患

图7-1-3 网购存在风险

7-1-4 网上交友存在风险

环节二:观看自制校园不安全行为、安全隐患小视频

看完小视频后可以进行简单问题的抽问,并设置一定的奖励。设置的问题如下:

以上案例、视频中存在哪些不安全行为或安全隐患?如何杜绝或排除已发现的安全隐患、不安全行为?(可以找多名同学来回答问题,并做好记录)

环节三:头脑风暴,寻找身边的安全隐患、不安全行为

1. 将准备好的白纸张贴于教室前的黑板上。

2. 每个同学都做好准备,至少回答两条(不重复)校园安全隐患、不安全行为,并找同学在白纸上做好记录

3. 针对以上提出的校园安全隐患、不安全行为的问题,引导全班同学回答出防范和杜绝的方法、措施。

★小提示:争取将此幅作品制作精美,张贴在教室的宣传栏,永久提示、警醒同学们!

环节四:明确目标,确保安全

有人说,生命是宝藏;有人说,生命是黄金。我说,生命是花,就像春天绚丽多彩的花,世界因如花的生命而精彩。学校是我们大家共同生活和学习的场所,是人生的重要驿站。校园有老师、有同学、有花草树木,到处洋溢着欢歌笑语,我们要像爱自己的家一样爱我们的校园。

生命是美好的,生活是多彩的,而要拥有这一切的前提是安全,所以我们一定要时刻加强安全意识,努力增强自我防范能力,做到警钟长鸣!让我们一起来创建我们的平安校园吧!祝愿我们每天高高兴兴、平平安安回家,祝愿我们的校园真正成为全校师生安全的港湾、和谐的家园!校园是我家,我要爱护它。

环节五:共同朗诵《校园安全,关乎你我》

校园安全,关乎你我

校园里,同学间,讲安全,要讲究。众学子,正成长,爱生命,最重要。
各常规,记心间,要自觉,不乱来。校门口,是名片,不滞留,能判别。
黑摩托,超员车,不搭乘,有隐患。马路上,不追打,循交规,保安全。
过公路,左右看,看标志,能分辨。上下楼,靠右行,防踩踏,不拥挤。
电老虎,最危险,裸露线,不乱碰。宿舍内,禁私拉,大电器,不乱用。
遇触电,牢记住,要及时,切电源。双手湿,不触电,电不通,找电工。
防火灾,防触电,防震灾,多演练。遇火灾,烟雾重,湿毛巾,捂口鼻。
遇火灾,离电梯,安全首,急逃生。深险水,不乱下,首安全,游泳池。

吃熟食，忌生水，白开水，最健康。无证摊，不卫生，外卖饭，不购买。
歌舞厅，游戏厅，人员杂，不涉足。不搭理，陌生人，酒肉友，不交往。
微信朋，QQ友，可聊天，不借贷。网络贷，是陷阱，好生活，靠双手。
遇纠缠，找警察，一一零，记心间。红眼病，腮腺炎，传染病，要远离。
一一九，一二零，记心间，紧急用。防突发，治隐患，互提醒，减麻烦。
各制度，须健全，勤安检，无隐患。安全事，重于山，严精细，没遗憾。

环节六：班会主题拓展与升华，班主任点评

安全无小事，安全是我们学习的保障，是寻求知识的基础，是我们每个人奋斗在此的前提。没有安全，我们的生命就没有保障；没有安全，我们的学习就无从着手；没有安全，我们的和谐校园就无从谈起。为了我们的生命之花永远绽放，为了让所有的家庭幸福美满，请大家将安全牢记在心。最后祝大家在校园里快乐学习，健康成长。

主题班会结束！

所思、所感、所悟

第二节　校园欺凌，坚决抵制

<table>
<tr><td>班会背景</td><td colspan="3">校园本是一方净土，是人才成长的摇篮，是让人心灵得以升华，文明得以传承的殿堂。近年来，随着时代发展、网络技术进步，我们时不时看到学生间的欺凌事件被曝光到媒体平台，打破了校园的宁静。同学们要深刻明白：校园欺凌行为不仅会给受害者带来身体上的伤害，而且会带来更为严重的心理伤害，使受害者产生恐惧和焦虑。文明之士，岂能以最粗俗、最原始的方式、手段解决学习生活中的矛盾纠纷。让我们一起行动，坚决抵制校园欺凌，共同营造和谐幸福的家园。</td></tr>
<tr><td>班会要点</td><td colspan="3">1．播放校园欺凌短视频（或观看与校园欺凌有关的电影《悲伤逆流成河》《春泥》）。
2．典型案例学习、分析。
3．认识欺凌及其危害。
4．掌握如何远离欺凌与自我保护的方法。
5．班主任点评。
6．合唱歌曲《童年》。</td></tr>
<tr><td>班会准备</td><td colspan="3">1．准备主持人主持词。
2．提前从网上下载校园欺凌短视频或电影《悲伤逆流成河》《春泥》等。
3．搜集校园欺凌的案例。
4．制作“远离欺凌”手抄报，分组评比、奖励。</td></tr>
<tr><td rowspan="4">班会目标</td><td>目标类型</td><td colspan="2">目标要求</td></tr>
<tr><td>认知目标</td><td colspan="2">认识欺凌及其危害。</td></tr>
<tr><td>能力目标</td><td colspan="2">1．掌握如何预防和抵制校园欺凌的办法，能与校园欺凌做合理合法有效的斗争。
2．具备正确处理生活中各种矛盾冲突的方法，防微杜渐。
3．培养抵制欺凌的素养和能力。</td></tr>
<tr><td>情感目标</td><td colspan="2">1．培养坚决反对校园欺凌的情怀，具备遇事冷静、理智、克制、忍耐、三思而后行的品质，学会使用法律知识武装头脑，修身养性，严于律己，宽以待人。
2．增强法治观念，增强法律意识，懂得依法办事。</td></tr>
<tr><td>班会方法</td><td colspan="3">案例教学法等。</td></tr>
<tr><td>课　　时</td><td colspan="3">2课时。</td></tr>
<tr><td>班会过程</td><td colspan="3"></td></tr>
<tr><td>时　　间</td><td></td><td>地　　点</td><td></td></tr>
<tr><td>主 持 人</td><td></td><td>班　　级</td><td></td></tr>
</table>

环节一：观看校园欺凌短视频或电影

观看班会主持人下载的校园欺凌短视频或电影《悲伤逆流成河》《春泥》里的片段，请同学们思考什么是校园欺凌及其危害。

环节二：主持人介绍校园欺凌的定义及危害

（一）校园欺凌的定义

校园欺凌是指发生在校园内、学生上学或放学途中、学校的教育活动中，由教师、同学或校外人员，蓄意滥用语言、躯体力量、网络、器械等，针对学生的生理、心理、名誉、权利、财产等实施的达到某种程度的侵害行为。

部分具体的校园欺凌行为：

1.叫受害者侮辱性绰号；指责受害者无用；粗言秽语，喝骂。

2.对受害者身体或物件的重复物理攻击。拳打脚踢、掌掴拍打、推撞绊倒、拉扯头发。

3.干涉或损坏受害者的个人财产，或通过它们嘲笑受害者。

4.传播关于受害者的消极谣言和闲话。

5.恐吓、威迫受害者做他或她不想要做的事，威胁受害者跟随命令者。

6.让受害者遭遇麻烦，或令受害者招致处分。

7.中伤、讥讽、贬抑评论受害者的体貌、性取向、宗教、种族、收入水平、国籍、家人或其他。

8.分派系结党，孤立、排挤受害者。

9.敲诈：强索金钱或物品。

10.画侮辱画。

11.网上欺凌，即在网络上发表具有人身攻击成分的言论。

图7-2-1 校园欺凌

（二）校园欺凌的危害

校园欺凌带来的伤害非常严重，它会给被害同学造成心理问题，甚至影响其人格发展，造成身心恐惧、消沉抑郁、创伤后遗症、忧虑、胃痛、吸毒、酗酒、自残、自杀等后遗症，也可能使被害者变为欺凌者，更可能成为校园侵害案的诱因，也可造成对教师不恭敬的扰乱校园秩序的影响。

图7-2-2 校园欺凌有阴影

环节二：典型案例学习、分析

典型案例1：刚满17岁的女孩樊某为实现自己的职业梦想，来到某职业学校读书。某日，因樊某据实向教师回答同学李某逃课，遭到李某扇耳光、脚踢等殴打。之后李某又邀约了5名同学一起对她施暴。李某6人逼迫樊某从宿舍里面爬到阳台，再爬回来，用鞋底打樊某的头，甚至扒光樊某的衣服，逼她洗澡，并用手机拍下了她的裸照。李某6人还威胁樊某不能喊痛，否则“越喊打得越痛”！樊某不敢呼救，她的室友也遭到威胁。欺凌持续了两个小时，李某6人才离开。事发后，樊某因想不通，便从宿舍阳台跳了下去。樊某被诊断为高处坠落伤：腰3、4椎体爆裂骨折伴马尾神经损伤，双侧血胸，左侧跟骨骨折，右侧胫骨骨折。

樊某在医院住院100多天，花费医疗费十万余元。病愈后，司法鉴定为樊某出具了“双下截肢瘫的伤残等级评定为Ⅳ级，腰3、4椎体压缩性骨折的伤残等级评定为Ⅷ，左足内、外侧纵弓结构破坏的伤残等级为X”的《司法鉴定意见书》。

樊某家人将6名施暴学生及其监护人、学校诉至人民法院。法院做出民事判决为：李某等人侮辱殴打行为是促使樊某跳楼的直接原因和主要因素，判定6名学生承担

70%的责任，学校承担20%的责任；6名学生家长连带赔偿各项费用49.99万元。

特别说明：此赔偿仅为民事赔偿判决。

（摘自：https://www.sohu.com/a/249048332_820626，文中皆为化名，请勿对号入座。）

典型案例2：据中国之声《新闻晚高峰》报道，一篇题为《每对母子都是生死之交，我要陪他向校园霸凌说NO》的文章日前刷爆朋友圈。某校学生长期遭到同班两名同学的霸凌，11月24日更是被两人用厕所垃圾筐扣头。事发后，孩子出现失眠、易怒、恐惧上学等症状，经诊断为急性应激反应。

环节三：学习我国法律法规对校园欺凌（或暴力行为）的处罚规定

1.《中华人民共和国治安管理处罚法》中的相关处罚规定。

第三章　违反治安管理的行为和处罚

第四十三条　殴打他人的，或者故意伤害他人身体的，处五日以上十日以下拘留，并处二百元以上五百元以下罚款；情节较轻的，处五日以下拘留或者五百元以下罚款。

有下列情形之一的，处十日以上十五日以下拘留，并处五百元以上一千元以下罚款：

（一）结伙殴打、伤害他人的；

（二）殴打、伤害残疾人、孕妇、不满十四周岁的人或者六十周岁以上的人的；

（三）多次殴打、伤害他人或者一次殴打、伤害多人的。

2.《中华人民共和国刑法》中的相关处罚规定。

第四章　侵犯公民人身权利、民主权利罪

第二百三十二条　故意杀人的，处死刑、无期徒刑或者十年以上有期徒刑；情节较轻的，处三年以上十年以下有期徒刑。

第二百三十三条　过失致人死亡的，处三年以上七年以下有期徒刑；情节较轻的，处三年以下有期徒刑。本法另有规定的，依照规定。

第二百三十四条　故意伤害他人身体的，处三年以下有期徒刑、拘役或者管制。

犯前款罪，致人重伤的，处三年以上十年以下有期徒刑；致人死亡或者以特别残忍手段致人重伤造成严重残疾的，处十年以上有期徒刑、无期徒刑或者死刑。本法另有规定的，依照规定。

第二百三十五条　过失伤害他人致人重伤的，处三年以下有期徒刑或者拘役。本法另有规定的，依照规定。

环节四:抵制校园欺凌承诺书签字仪式

校园欺凌,坚决抵制

通过本次主题班会课的学习,经过学校老师的反复教育,我已清楚知道校园欺凌暴力行为的危害,为共同营造和谐平安校园环境,我郑重承诺:

1. 不欺负弱小、不攻击他人,遇到不公平事件积极寻求正确途径解决,绝不打架斗殴,私藏凶器,并对知情的校园欺凌暴力行为进行举报,必要时拨打110报警。

2. 加强法律知识学习。积极阅读法律书籍,增强法律意识,从小养成良好的法治观念,学会运用法律武器保护自己。

3. 拒绝与不良社会青年交往。对不良社会青年的引诱坚决拒绝,在受到威胁、恐吓时及时向学校、老师、家长报告。

4. 增强友爱互助意识。积极团结同学,热情帮助同学,增强应对困难、对抗邪恶的勇气,形成抵制校园暴力的合力。

5. 积极与家长、老师交流沟通。在家长、老师的健康引导下,提高防范校园暴力的意识,增强抵制校园暴力的能力。

6. 牢固树立"校园欺凌,坚决抵制"意识,严格规范自己的行为,为创造和谐、平安、美丽校园,贡献青春力量。

承诺人(签字):__________

年　月　日

环节五:远离欺凌,确保安全

校园欺凌(暴力)很可怕,但只要保持一颗与人为善的心,我们可以把它视为人一生中所必将经历的所有坏事中的一件,平常对待,用正确的方式予以处理,及时熨平受伤的心灵,从出生的那一刻直到死亡都要明白:世间本就没有一帆风顺的事,扛责受委屈总有一天会有好报的,就像煤从地下挖出来,最后变成了光。记住"打不倒的你,必将会更强大"。

环节六:班会主题拓展与升华,班主任点评

今天的班会课非常有意义,从中我体会到同学们坚强的心,我们一定要学法、知法、懂法、守法、用法,用最合理的手段维护好自身的权益,让自己的权益最大化,任何

有良知的人，还有学校各部门、老师都是你们坚强的后盾，抵制校园欺凌需从我们每一位同学自身做起，相信我们的校园一定是一方净土，一定是最阳光、最安全的地方。最后祝大家平安幸福、学习快乐、茁壮成长。

环节七：合唱歌曲《童年》

主题班会结束！

所思、所感、所悟

第三节　扫黑除恶，弘扬正气，遵纪守法，做文明学生

<table>
<tr><td>班会背景</td><td colspan="3">2018年1月，中共中央、国务院发出《关于开展扫黑除恶专项斗争的通知》。为深入贯彻落实党的十九大部署和习近平总书记重要指示精神，保障人民安居乐业、社会安定有序、国家长治久安，进一步巩固党的执政基础，党中央、国务院决定，在全国开展扫黑除恶专项斗争。扫黑除恶专项斗争为期三年。作为青年学生，应该了解什么是黑恶势力，如何远离，如何举报。遵纪守法，弘扬正气，使社会安定、国家久安，这是每个中华人民共和国公民的神圣使命和光荣责任。</td></tr>
<tr><td>班会要点</td><td colspan="3">1. 从学生的角度探讨什么是黑恶势力；什么样的行为是黑恶势力性质的行为；明确扫黑除恶的重要意义；青年学生如何树立正确的人生目标，远离黑恶势力；明白发现身边有黑恶势力时如何举报、扫除。
2. 搜集影响校园安定的黑恶势力为非作歹受到惩处的典型案例，进行分析对比，明白黑恶势力的本质特性。
3. 编写扫黑除恶专项斗争宣传小报，宣传正能量，弘扬正气，并在班级评比、奖励。
4. 合唱歌曲《国家》。</td></tr>
<tr><td>班会准备</td><td colspan="3">1. 查找中共中央、国务院《关于开展扫黑除恶专项斗争的通知》原文进行学习。
2. 搜集典型的影响校园安定的黑恶势力为非作歹受到惩处的案例。
3. 准备白纸6张，将班级成员合理分组，在班级内举办扫黑除恶专项斗争宣传小报比赛。
4. 制作适合本次班会的PPT。</td></tr>
<tr><td rowspan="4">班会目标</td><td>目标类型</td><td colspan="2">目标要求</td></tr>
<tr><td>认知目标</td><td colspan="2">1. 明白扫黑除恶的重要意义。
2. 了解黑恶势力对社会的危害。
3. 分清黑恶势力及行为。</td></tr>
<tr><td>能力目标</td><td colspan="2">1. 掌握防范抵制黑恶势力的基本方法。
2. 掌握举报身边黑恶势力的方法和途径。</td></tr>
<tr><td>情感目标</td><td colspan="2">1. 树立正确的世界观、人生观和价值观。
2. 培养正义感和爱国主义情怀。
3. 培养人民安居乐业、社会安定有序、国家长治久安的神圣使命和责任感。</td></tr>
<tr><td>班会方法</td><td colspan="3">专题介绍法。</td></tr>
<tr><td>课　　时</td><td colspan="3">2课时。</td></tr>
<tr><td>班会过程</td><td colspan="3"></td></tr>
<tr><td>时　　间</td><td></td><td>地　　点</td><td></td></tr>
<tr><td>主 持 人</td><td></td><td>班　　级</td><td></td></tr>
</table>

环节一：主持人导入

“连环套路，敲诈勒索，骗学生的钱，没有好下场！”随着重庆市首例校园贷恶势力犯罪集团彭某等9名嫌疑人被起诉，受害大学生张某的母亲发出感慨。

去年9月以来，以彭某为首的犯罪团伙成员在全国多地实施敲诈勒索等犯罪活动，数十名大学生上当受骗，部分大学生被害人还因压力过大导致休学、住院，造成极其恶劣的社会影响。

近日，在重庆市人民检察院的统筹下，永川区、九龙坡区等7个检察院同时对8个黑恶势力团伙107人集中提起公诉，彭某等9名犯罪嫌疑人正在其中。

自扫黑除恶专项斗争启动以来，重庆全市上下齐抓共管，宣传发动、线索摸排、协调联动、依法打击，深挖彻查“保护伞”，对黑恶势力形成高压态势。目前，重庆扫黑除恶取得阶段性成效，截至9月30日，全市共侦办涉黑犯罪组织6个、恶势力犯罪集团（团伙）210个，抓获犯罪嫌疑人2670人，判决涉黑涉恶案件23件、98人。

（引自《人民日报》，2018年10月23日，原标题《广泛宣传发动、依法联动打击，重庆扫黑除恶取得阶段性成效 逐案过筛 挖出“保护伞”》）

中共中央、国务院发出《关于开展扫黑除恶专项斗争的通知》，决定在全国开展扫黑除恶专项斗争。一场全国性的扫黑除恶专项斗争已经开始！同学们，你们知道社会黑恶势力吗？请同学们分组开展讨论。

环节二：主持人讲解什么是黑恶势力

（一）什么是黑恶势力

黑恶势力是黑势力与恶势力的统称，是指“黑社会性质的组织”。

黑社会性质组织是指以暴力、威胁或者其他手段，有组织地进行违法犯罪活动，称霸一方，为非作恶，欺压、残害群众，严重破坏经济、社会生活秩序的犯罪组织。

恶势力团伙是指经常纠集在一起，以暴力、威胁或者其他手段，在一定区域或行业内多次实施违法犯罪活动，为非作恶，扰乱经济、社会生活秩序，造成较为恶劣社会影响的犯罪团伙。

图7-3-1 重拳打击黑恶势力

(二)黑恶势力的类型

1.威胁政治安全特别是制度安全、政权安全以及向政治领域渗透的黑恶势力。

2.把持基层政权、操纵破坏基层换届选举、垄断农村资源、侵吞集体资产的黑恶势力。

3.利用家族、宗族势力横行乡里、称霸一方、欺压残害百姓的“村霸”等黑恶势力。

4.在征地、租地、拆迁、工程项目建设等过程中煽动闹事的黑恶势力。

5.在建筑工程、交通运输、矿产资源、渔业捕捞等行业、领域,强揽工程、恶意竞标、非法占地、滥开滥采的黑恶势力。

6.在商贸集市、批发市场、车站码头、旅游景区等场所欺行霸市、强买强卖、收保护费的市霸、行霸等黑恶势力。

7.操纵、经营“黄赌毒”等违法犯罪活动的黑恶势力。

8.非法高利放贷、暴力讨债的黑恶势力。

9.插手民间纠纷,充当“地下执法队”的黑恶势力。

10.境外黑社会入境发展渗透以及跨国跨境的黑恶势力。

11.组织或雇佣网络“水军”在网上威胁、恐吓、侮辱、诽谤、滋扰的黑恶势力。

12.城区、城乡接合部盘踞一方的黑恶势力。

(三)检举揭发涉及校园违法犯罪的八类黑恶势力的类型

图7-3-2 打击扰乱校园秩序行为

图7-3-3 充满骗局的校园贷

1.侵占学校公用财产,非法侵入学校扰乱正常教育教学秩序、侵害师生生命财产安全的黑恶势力。

2.对学生进行恐吓、侮辱、欺凌的黑恶势力。

3.敲诈勒索学生财物,组织、胁迫、引诱在校学生从事卖淫、贩毒、赌博、加入非法团体,向未成年人传授犯罪方法的黑恶势力。

4.以暴力手段干扰、阻挠学校建设、校园周边安全整治,强制租赁学校房产、校地校舍的黑恶势力。

5. 为在校园周边摆摊、设点、占道经营等违法行为充当“保护伞”的黑恶势力。

6. 使用非专用车辆接送学生上下学及有其他交通违法行为的黑恶势力。

7. 进行“校园贷”“套路贷”及电信诈骗的黑恶势力。

8. 其他方面涉教涉校涉生的黑恶势力。

主持人：从以上列举的黑恶势力的犯罪类型中，我们应深知黑恶势力是经济社会健康发展的毒瘤，是人民群众深恶痛绝的顽疾，必须坚决依法予以打击。它不仅对社会秩序造成严重破坏，如果继续蔓延，也将严重影响社会安全与稳定、人民生活秩序、国家长治久安。所以黑恶势力就是过街老鼠，人人喊打。

环节三：对黑恶势力犯罪行为举报方式

全国扫黑除恶举报网站：www.12389.gov.cn。

举报信箱：北京市邮政19001号信箱。

举报电话：010－12389。

同学们也可告诉家长、教师，向学校反映。

环节四：关于扫黑除恶专项斗争同学们还应知道的知识

1. “扫黑除恶”一词来源于中共中央、国务院在2018年1月发出的《关于开展扫黑除恶专项斗争的通知》。“扫黑除恶” 与“打黑除恶”一字之差，意味着在广度、深度、力度方面提出了更高的要求，彰显了党中央除恶务尽，坚决将黑恶势力的嚣张气焰打下去，切实保障人民安居乐业、社会安定有序、国家长治久安的坚强决心和信心。过去“打黑”更多是从社会治安角度出发，强调点对点打击黑恶势力犯罪。这次“扫黑”是从夯实党的执政根基、巩固执政基础、加强基层政权建设、维护国家长治久安的角度出发，在更大范围内，更全面、更深入地扫除黑恶势力，不但要打击犯罪，还要打击违法行为。

2. 扫黑除恶专项斗争的工作目标是：人民群众安全感、满意度明显提升等。

3. 扫黑除恶专项斗争的基本原则是：要坚持党的领导、发挥政治优势；坚持人民主体地位、紧紧依靠群众；坚持综合治理、齐抓共管；坚持依法严惩、打早打小；坚持标本兼治、源头治理。

4. 这次开展扫黑除恶专项斗争为期三年。

5. 扫黑除恶的重要意义：在全国开展扫黑除恶专项斗争，是以习近平同志为核心的党中央做出的重大决策，事关社会大局稳定和国家长治久安，事关人心向背和基层政权巩固，事关进行伟大斗争、建设伟大工程、推进伟大事业、实现伟大梦想。这对于维护社会和谐稳定、巩固党的执政基础，推进国家治理体系和治理能力现代化，为决胜全面建成小康社会、夺取新时代中国特色社会主义伟大胜利、实现中华民族伟大复兴的中国梦创造安全稳定的社会环境具有重要意义。

环节五:主持人点评

黑恶势力违法犯罪行为严重阻碍个人和社会的发展与进步。反对黑恶势力的斗争是正义与邪恶的斗争,也是长期复杂艰巨的政治任务,为了自己、家人、亲朋好友美好的明天,为了我们国家的长治久安,我们要深入认识黑恶势力的危害,努力提高自己明辨是非的能力,绝不盲目追从黑恶势力。同学们,我们追求正义、追求幸福的权利是国家法律赋予的,所以我们应在党和国家的领导下团结一心,坚定信念,在扫黑除恶专项斗争中创造一个朗朗乾坤的好社会、好国家!

环节六:班会主题拓展与升华,班主任点评

近年来,黑恶势力不断向校园渗透,涉黑涉恶犯罪成员呈低龄化趋势,开展预防青少年涉黑涉恶工作刻不容缓。同学们应加强理想信念、法治教育、友善教育、集体主义和爱国主义教育,通过不断学习反思,增强规则意识和法治意识,增强明是非、辨善恶的鉴别能力,形成正确的价值取向和人生目标,倡导团结友爱、互相帮助、真诚关心的典型事迹,让爱老师、爱同学的价值观印在自己的心里,落实在行动上,让友善校园成为预防青少年涉黑涉恶的坚固堡垒,远离黑恶势力,坚决不做“边缘少年”和“问题少年”,增强拒腐防变的能力,为民族繁荣、国家昌盛,实现中华民族伟大复兴的中国梦贡献自己的青春力量。

环节七:合唱歌曲《国家》

主题班会结束!

所思、所感、所悟

第四节　珍爱青春年华，远离烟酒毒品

<table>
<tr><td>班会背景</td><td colspan="3">日常校园安全检查，总能搜查出不少的香烟；周末节假日总看见成群结队的学生吸烟解闷，夜幕之下猜拳行令的学生不在少数。近年来，抽烟、酗酒、吸毒越来越低龄化。青少年朋友正处在长知识、长身体的重要人生阶段，应该远离一切不适于这一阶段的不良嗜好，让青春无悔。</td></tr>
<tr><td>班会要点</td><td colspan="3">1. 以图片或多媒体展示烟、酒、毒对人体健康的危害，导入主题。
2. 展示毒品照片，认识毒品的危害。
3. 讨论如何进一步远离烟、酒、毒，形成主动抵制烟、酒、毒的共同意识。
4. 共同宣读远离烟、酒、毒的倡议书。</td></tr>
<tr><td>班会准备</td><td colspan="3">1. 制作烟、酒、毒危害人体健康的多媒体课件或视频。
2. 收集烟、酒、毒危害人体健康的其他资料。
3. 教室场景布置。
4. 准备倡议书。</td></tr>
<tr><td rowspan="4">班会目标</td><td>目标类型</td><td colspan="2">目标要求</td></tr>
<tr><td>认知目标</td><td colspan="2">1. 认识香烟中所含的有毒物质及其危害性。
2. 认识酗酒对人体健康的危害。
3. 知道毒品对个人、家庭和社会的危害。</td></tr>
<tr><td>能力目标</td><td colspan="2">1. 能够坚定拒绝烟、酒的决心，形成良好生活习惯。
2. 能够提高警觉戒备意识，能自觉抵制毒品的诱惑。</td></tr>
<tr><td>情感目标</td><td colspan="2">树立拒绝烟酒、远离毒品的意识，增强自己参与禁毒的社会责任感，明白拒绝烟酒、远离毒品不仅是个人家庭的要求，而且是社会、国家、民族的需要。</td></tr>
<tr><td>班会方法</td><td colspan="3">专题介绍法。</td></tr>
<tr><td>课　　时</td><td colspan="3">2课时。</td></tr>
<tr><td>班会过程</td><td colspan="3"></td></tr>
<tr><td>时　　间</td><td></td><td>地　　点</td><td></td></tr>
<tr><td>主 持 人</td><td></td><td>班　　级</td><td></td></tr>
</table>

环节一：主持人导入，观看图片，谈谈感受。

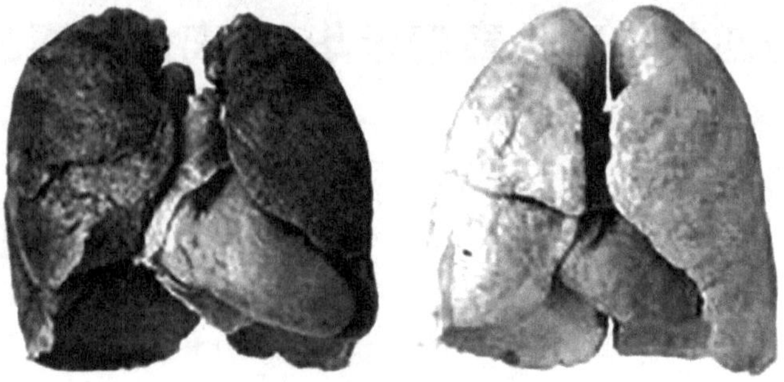

长期吸烟的肺　　　　不吸烟的人的肺

图7-4-1 长期吸烟者肺部变化

图7-4-2 酗酒，不可取

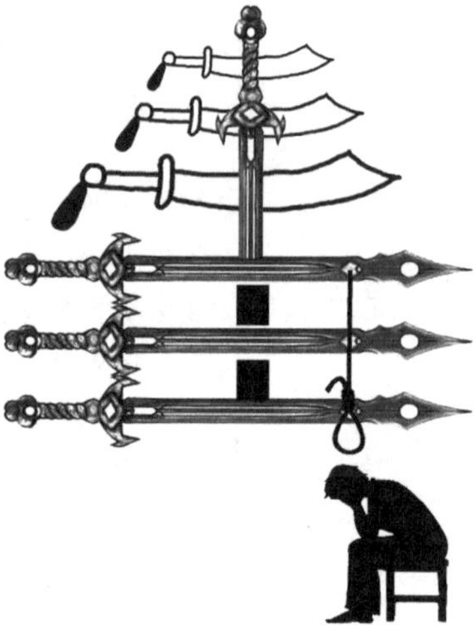

图7-4-3 毒品，悬在头上的利剑

环节二：认识吸烟对人体健康的影响

吸烟者比不吸烟者更易罹患肺癌、支气管炎、心肌梗死等。吸烟不但给本人带来危害，而且殃及子女。有调查发现丈夫每天吸烟的数量与胎儿产前的死亡率和先天畸形儿的出生率成正比。孕妇本人吸烟数量的多少，也直接影响到婴儿出生前后的死亡率。同时吸烟作为一种成瘾性行为，也会导致一定的精神疾病隐患。

环节三：认识吸烟的危害

（一）香烟燃烧产生的烟雾中含有哪些物质

有焦油、一氧化碳、尼古丁、二噁英等多种有害的化学物质，其中有40多种致癌物质，如尼古丁，它可以诱发肺癌等疾病。

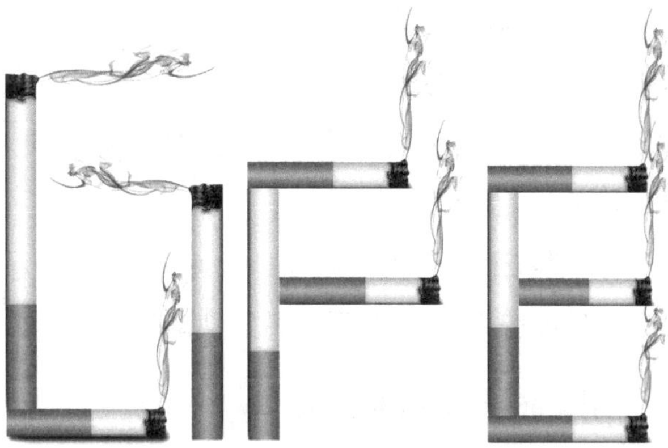

7-4-4 烟与生命

(二)吸烟与肺癌发病率的关系

每天吸烟的数量越多,肺癌的发病率就越高。

(三)吸烟的危害还有哪些

1.会对循环、消化、神经系统造成损伤。

2.会引发高血压、冠心病。

3.女性会诱发子宫癌。

4.孕妇会诱发胎儿畸形。

5.青少年会降低记忆力,分散注意力,影响身体的生长发育和正常学习。

环节四:思考、分组讨论

1.有什么办法可以拒绝吸烟?

2.酗酒有哪些危害?

3.仔细观察,吸烟者与不吸烟者在精神面貌和健康状况方面有什么不同。

环节五:饮酒危害健康吗

课件展示酒后驾车引发事故、酗酒者心脏病发作致死的案例。

(一)过度饮酒对人体有什么危害

大量喝酒会造成以下坏处:

1.死亡:酒精会抑制延脑的呼吸中枢,造成呼吸停止。

2.吸收:引起各种维生素缺乏,间接导致多种神经系统伤害。

(二)长期大量饮酒的影响

1.肝脏伤害:脂肪堆积在肝脏引起脂肪肝。

2. 胃溃疡：可引起胃出血而危及生命。

3. 神经系统伤害：譬如周围神经病变。

4. 大脑皮质萎缩：有报告显示部分慢性酒瘾者的大脑皮质有萎缩现象，也有部分病人有智力衰退的迹象。

5. 酒精性胎儿：酒精在胎儿体内代谢和排泄速率较慢，对发育中的胎儿造成各种伤害，包括胎儿畸形、胎死腹中、生长迟滞及行为缺陷等。

（三）酗酒对工作、家庭、生活的影响

1. 酗酒者情绪易激动、乱发脾气、判断力和控制力不佳、易与人发生冲突、对外界刺激敏感、有高犯罪率。

2. 配偶与子女常成为酗酒者以暴力行为来发泄、攻击的对象。

3. 酗酒者易精神恍惚，影响工作效率。

4. 亲友疏离，使酗酒者承受更大的挫折与压力，因而更加自暴自弃，恶性循环。

环节六：主持人过渡

烟酒是吸毒的入门药，几乎所有的吸毒者在尝试毒品前，均已形成吸烟或饮酒的嗜好，请大家远离烟酒，不给毒品留有可乘之机。

环节七：认识毒品

（一）什么是毒品

毒品是指鸦片、海洛因、吗啡、大麻、可卡因以及国务院规定管制的其他能够使人形成瘾癖的麻醉药品和精神药品。

（二）毒品的种类

毒品可分为传统毒品（大麻、海洛因等）和新型毒品（冰毒等）。

（三）吸毒的危害

1. 不同的毒品摄入体内，都有各自毒副反应及戒断症状，对健康形成直接而严重的损害，吸毒过量会导致死亡。此外，滥用毒品可导致多种并发症的发生。如急慢性肝炎、肺炎、败血症、心内膜炎、肾功能衰竭、心律失常、血栓性静脉炎、动脉炎、支气管炎、肺气肿、各种皮肤病、中毒性精神病、性病及艾滋病。百年前就有诗曰“剜骨剔髓不用刀，请君夜吸相思膏（相思膏，即鸦片）”。

2. 毒品使得吸毒者成为毒品的奴隶，由于毒品的生理依赖性与心理依赖性，他们

生活的唯一目标就是设法获得毒品，为此失去工作、生活的兴趣与能力。长期吸毒者精神萎靡，形销骨立，人不像人，鬼不像鬼。

（四）识破毒贩的伎俩，远离毒品

1. 毒招一：谎称“毒品吸一两次不会上瘾”。我们要明白：一日吸毒，永远想毒，终生戒毒。

2. 毒招二：免费尝试。几乎所有吸毒者初次吸食毒品，都是接受了毒贩或其他吸毒人员免费提供的毒品。他们把含有毒品的香烟送给青少年吸食，在青少年上瘾后，再高价出售毒品给上瘾的青少年。

3. 毒招三：声称“吸毒能治病解忧”。毒贩们利用人们对毒品的无知和对疾病的恐惧，引诱青少年吸毒。实际情况是，吸毒会严重危害青少年的身心健康，损害人的大脑，影响血液循环和呼吸系统功能，还会降低生殖和免疫能力，甚至导致死亡。

4. 毒招四：利用你的好奇心。毒贩们瞄准一些青少年好奇心强、好胜心强的特点，鼓吹“吸毒是超级享受”“吸毒是有钱人的标志”。毒贩们也往往对那些通过自己努力取得成功、积攒了一定财富的群体鼓吹“吸毒是有钱人的标志”这类极其荒唐的错误观念。

5. 毒招五：与你交“朋友”。同学们渴望独立，希望多交朋友，但你没有足够的社会经验去辨别好坏。他们成为你的“朋友”后，会在小圈子里拉你下水。那些没有目标，无心学习，在学校得不到大家认同的青少年最容易上钩。

6. 毒招六：利用女青年的爱美之心，编造“吸毒可以减肥”的谎话。实际情况是，吸毒不仅损害面容和身体，还摧残人们的意志。

环节八：讨论如何远离毒品

1. 培养健全的人格，发展广泛的兴趣。
2. 克制盲目的好奇心理和侥幸心理。
3. 慎重交友。
4. 青少年尽量不要尝试烟酒，不给毒品留有可乘之机。

环节九：主持人领读，共同宣读《校园禁止烟酒毒品倡议书》

校园禁止烟酒毒品倡议书

亲爱的同学们：

烟害体、酒伤身，沾染毒品，可让百万富翁“一夜回到解放前”，可让一个家庭支离破碎，可让鲜活的生命瞬间离我们而去。为了呵护身心健康、养成良好生活习惯、创造文明健康的校园环境，我们向全校同学发出倡议——禁烟禁酒禁毒品！让我们一起行动，让烟、酒、毒在校园销声匿迹。

青少年是祖国的花朵，肩负着振兴中华的使命，未来的我们任重而道远。为了大家的身心健康，为了让大家拥有一个良好的学习生活环境，我们发出倡议——珍爱生命，远离烟、酒、毒！我们应做到以下几点：

1. 抵制诱惑，自觉做健康人。

2. 倡导健康生活方式，养成良好生活习惯，树立科学人生观，抵制烟、酒、毒。

3. 吸烟有害健康。已开始吸烟的青少年应有坚强的意志和信念去戒烟，并积极带动其他同学远离烟草。

4. 严格遵守学校规章制度。增强主人翁意识，维护公共卫生，爱护公共财物，增强安全意识，共同维护我们的学习生活环境。

让我们一起行动起来，坚决抵制烟、酒、毒，人人不吸烟、不喝酒、不沾毒，营造良好的学风、校风，创造文明、优雅、和谐、安全的校园环境。请相信，无烟的花季将更美丽，远离酒精的我们更健康，抵制毒品将使社会更安定、国家更富强！

环节十：班会主题拓展与升华，班主任点评

青少年抽烟酗酒沾染毒品，明显有害于青少年自身健康和形象，家长不希望，学校也明文禁止，为什么还是有少数学生管不住自己或者就根本不把它当回事呢？

影响青少年吸烟喝酒的心理因素主要有以下几点：

1. 有好奇心，善于模仿，渴望独立、成熟的心理使得青少年盲目地认为，吸烟就是成熟的标志。

2. 有些同学认为，烟酒可以使人产生亲近感，容易联络感情，因此很多学生学会了用烟酒来进行人际沟通。

3. 受社会攀比风气影响，虚荣心强、爱面子、喜欢炫耀攀比的学生在校内摆阔气、讲排场，在人际交往中通过烟酒来抬高自己的身价，而另一些人为了不被“鄙视”，显示自己的能耐，也硬着头皮盲目跟从和“朋友”共享。

4. 面临压力时，吸烟、喝酒、放纵可以解压，但这只是临时的“一抽(喝)解千愁”，毫无益处。

同学们，通过今天的主题班会，我们应清醒地认识到吸烟、酗酒、沾毒的危害很严重。为了自己、家人的幸福和健康，从今天起，从我做起，坚决抵制烟、酒、毒，努力营造文明校园。

主题班会结束!

所思、所感、所悟

第五节　求职路上不麻痹安全弦

<table>
<tr><td>班会背景</td><td colspan="3">中职学生离校就业的年龄在18岁左右，涉世未深，但追求幸福生活和人生理想的雄心异常强烈，有些不法分子利用青少年学生急于找工作、涉世未深、防范意识差的特点进行“诈骗”，因此，如何确保求职安全，防范各类陷阱，也是中职生需要掌握的一个重要课题。</td></tr>
<tr><td>班会要点</td><td colspan="3">1．求职被骗案例分析。
2．识别非法传销组织的特征。
3．合唱歌曲《年轻的朋友来相会》。</td></tr>
<tr><td>班会准备</td><td colspan="3">1．搜集、分析中职生求职被骗案例。
2．制作班会PPT。</td></tr>
<tr><td rowspan="4">班会目标</td><td>目标类型</td><td colspan="2">目标要求</td></tr>
<tr><td>认知目标</td><td colspan="2">1．认知常见的求职被骗陷阱。
2．认知各种经济活动中陷阱存在的形式。</td></tr>
<tr><td>能力目标</td><td colspan="2">1．提高自我保护意识。
2．学会自我保护措施和应急处理办法。</td></tr>
<tr><td>情感目标</td><td colspan="2">1．爱惜所获得的工作。
2．培养爱岗敬业意识和岗前安全意识。</td></tr>
<tr><td>班会方法</td><td colspan="3">案例教学法等。</td></tr>
<tr><td>课　　时</td><td colspan="3">2课时。</td></tr>
<tr><td>班会过程</td><td colspan="3"></td></tr>
<tr><td>时　　间</td><td></td><td>地　　点</td><td></td></tr>
<tr><td>主 持 人</td><td></td><td>班　　级</td><td></td></tr>
</table>

环节一：主持人导入

求职过程中，我们容易落入的陷阱有哪些？请同学们讨论。

环节二：介绍求职过程中的各种陷阱

求职过程中，我们容易落入各种诱骗的陷阱：

1. 路途安全陷阱。

2. 钱财被骗，诸如：培训费、建档费、服装费、风险押金、体检费等。

3. 以试用期为名赚取廉价劳动力。

4. 扣留证件，要求求职者做不正当商业行为。

5. 与承诺的工作内容、待遇不相符，诸如非法募捐等。

6. 人身安全威胁，诸如人体器官买卖、色情陷阱等。

7. 误入传销组织。

……

需要同学们用眼用心来辨识。

图7-5-1 求职路上谨防陷阱

判断“路边”自动送上来的兼职是否有诈，首先要看其是否会先收取费用。一般正规公司，不会通过路边拉人的方式招聘全职或兼职，对于这些主动推销的职位，除了防止被骗钱，也要谨慎对方是在拉拢传销人员。

环节三：典型案例分析

案例1：某中职学校女生郝某，毕业前夕通过网上招聘，接到某公司的面试通知。郝某在学校请好假后，在学校门口招了一辆无牌照的载客小汽车赶往公司，车并未按预定的路线行驶，还好公司人事部来电咨询时，告知了正确的行车路线，随后其爸爸也来电询问其近况。面试完毕获知被录取后，兴高采烈的郝某又在QQ上得到素未谋面的异性QQ好友的约会邀请，心情畅快、放松警惕的郝某赶紧赴约，最后两人来到某小宾馆，郝某因发生争执被刺杀在宾馆房间内。

请同学们分析：上述故事存在哪些求职路途的风险？

案例2：某校学生范某和吕某是一对要好的朋友，范某18周岁，吕某16周岁。眼看着就要到毕业找工作的时节，但家长都未给其配置手机，两人约定到手机商店以分期付款的方式添置手机。周末闲来无事，两人便出发来到商业街手机店门前闲逛，被一位社会青年搭讪，了解了两人心思后，该社会青年满口答应可以满足他俩的需求，但要首先签订贷款合同，因吕某未满18周岁不能签订合同，所以范某就答应帮吕某签约，提交了所有证件签字画押后，被告知库房无货下周才能拿到手机。到了指定日期，范某、吕某根本找不到跟他们签约的社会青年的身影，也不知该找哪一家公司拿回自己的手机，贷款公司催收还款的电话却来了……无奈之下，范某、吕某只有报案寻求警察叔叔的帮助了。

从上面的这个案例中，我们又能学到什么？

图7-5-2 小心陷阱

案例3：某校2015级一位学生接到初中同班同学的电话，称东莞有一家公司要招聘人员，待遇丰厚，要其前往应聘。几天后初中同学又来电，通知其已经顺利通过该公司网上初试，希望其近期能到东莞参加面试。于是，该生决定离校，次日下午抵达东莞，被初中同学和公司其他人员带到一幢民宅的一个房间内控制起来，手机被收缴，其人身自由受到限制，不能正常使用手机，只有在来短信或者电话的时候，保证按传销公司人员写的语句回复，才能拿到手机，手机使用后又被立即收缴。每天都要写日计划，有"专家"给他上课（洗脑），每天的日程排得满满的，读"励志书籍"、听如何做新时代的直销、如何两年变成百万富翁、如何赚大钱的课程。几天后，该同学用欺骗的方法要母亲汇去3800元，交了所谓的"瑞士手表费"，获得了他们"公司"的会员资格，有权利介绍家人和朋友加入这个"公司"。随后该生母亲因一直无法与其正常联系，多次要求他回来无果，来到学校求助。在学校、家长和同班同学的共同努力下，传销公司迫于学校和家长的压力，加之给该生洗脑未成功，最终答应放该生回校。

这位同学因东莞市的传销组织共损失4900余元，被控制了16天。该同学的家长、老师、同学为此耗费了很多精力。在这期间，该同学吃不好睡不好，精神备受折磨，得到了深刻的教训。

这则案例又告诉了我们什么道理？

环节四：主持人点评

同学们，找到一份令自己满意的工作，是人生一大快事，但在求职过程中，我们一定要注意自身安全，不搭乘黑车，随时告知家长、老师自己所处的位置，不抱捡小便宜的心理，识别各种丑恶嘴脸，掌握求职防骗的正确方法：拒交各种名义的费用、不轻易许诺到外地上岗、掌握劳动法规和相关政策、多种途径了解公司背景、谨慎签订劳动合同，发觉被骗，及时报案，并在媒体曝光，确保自己的求职之路一帆风顺。

环节五：识别非法传销的特征

（一）传销的特点

1.收取入会费。

2.以高额回报作为诱饵。

3.组织呈金字塔形式，要求发展下线。

（二）传销的基本形式

1.“传人传销”，即采取拉“人头”方式，传销组织呈“金字塔”式放射状的网络，“人头”拉得越多，个人级别越高，而获取报酬的方式则是从发展的下线中层层盘剥，按梯度计算。

2.“传物传销”，即以商品直销为幌子，用偏离了商品价值的虚高价格来进行“多层次直销”，每个传销人除了将货物销售以赚取利润外，还可以介绍、训练他人为新的传销人，以此获取利润。

（三）合法的直销和非法的传销最根本的区别

合法的直销公司有自己的工厂，有自己的科研机构，生产和销售的产品都是国家批准的，公司和直销员是合作关系，利益是建立在销售商品的基础之上。

非法传销公司没有自己的工厂，而是将其他厂家粗劣的产品逐层传销给下线会员，每一层都要加上中间利润。这种借着商品的转换而赚取中间利润的“间接贩卖”，使商品和实际的价格相差甚远，而且传销的层次越多，商品价格就越高，这样底层人员的产品根本卖不出去，而传销不准退货，底层人员在经济上会受到极大的损失。

图7-5-3 识破骗局

环节六：主持人分享误入传销组织的解脱方法

误入传销组织后的解脱方法：

方法一，记住地址，伺机报警。

方法二，外出上课学习的途中逃离。

方法三，装病，寻找外出逃离的机会。

方法四，从窗户扔纸条求救。

方法五，骗取信任，寻机逃离。

环节七：合唱歌曲《年轻的朋友来相会》

环节八：班会主题拓展与升华，班主任点评

安全是老生常谈的话题，不管是在校内还是在校外，不管是在上学途中，还是在工作岗位，时时刻刻不忘绷紧安全这根弦，我们的人生理想才能有保障，我们的人生才能一片坦途！

主题班会结束！

所思、所感、所悟

第八章

诚信教育

导 言

诚信不仅是中华民族的优秀品质，是社会主义核心价值观的基本内容，也是维系社会和谐发展的根本原则，更是我们的职业生涯中的立身之本。诚信，作为公民道德的基本规范，基本内容就是诚实、诚恳、信用。诚信规范着我们的行为。如果一个人不讲诚信，那他将不能拥有信任和友谊；如果一个社会不讲诚信，那么这个社会就会陷入一片混乱。当今社会呼唤诚信、需要诚信、倡导诚信。对于中职学生而言，更应该认识到诚信的重要性，着力培养诚信意识，努力践行诚实守信。让我们通过主题班会来进一步感受诚信的力量。

图8-0-1 诚实守信

第一节　立身之本——诚信

<table>
<tr><td>班会背景</td><td colspan="3">诚信是中华民族的传统美德。子曰:人而无信,不知其可也。一个人如果缺少诚信,无论是在生活中还是工作中都将无法自处。对于学生而言,诚信是维持良好人际关系的基础,也是获得他人尊重与信任的前提,但是在现实生活中,却存在大量不诚信的现象。为了培养同学们诚实守信的良好品德,弘扬社会主义核心价值观,特举行此次以“诚信”为主题的班会。</td></tr>
<tr><td>班会要点</td><td colspan="3">1.介绍“诚信”二字的含义及在社会主义核心价值观中的重要地位。
2.阅读诚信小故事。
3.宣读并签订诚信承诺书。
4.班主任点评。</td></tr>
<tr><td>班会准备</td><td colspan="3">1.准备主持人主持词。
2.搜集与“诚信”相关的成语、小故事、名人名言等。
3.打印诚信承诺书。</td></tr>
<tr><td rowspan="4">班会目标</td><td>目标类型</td><td colspan="2">目标要求</td></tr>
<tr><td>认知目标</td><td colspan="2">1.明确“诚信”的含义,诚实守信是中华民族的传统美德。
2.了解“诚信”对自己的生活和学习起到的重要作用。
3.认识日常生活和学习中哪些行为是不诚信的。</td></tr>
<tr><td>能力目标</td><td colspan="2">1.能反省自身存在的不诚信的行为。
2.能发现并提醒他人在日常生活和学习中的不诚信行为。
3.能设立诚信小目标,从点滴做起,做诚实守信人。</td></tr>
<tr><td>情感目标</td><td colspan="2">1.培养诚实守信,以诚待人,以诚做事的意识。
2.以诚实守信的模范为典型,学习他人优秀品德。
3.严于律己,以身作则,践行诚信。</td></tr>
<tr><td>班会方法</td><td colspan="3">故事法等。</td></tr>
<tr><td>课　　时</td><td colspan="3">1课时。</td></tr>
<tr><td>班会过程</td><td colspan="3"></td></tr>
<tr><td>时　　间</td><td></td><td>地　　点</td><td></td></tr>
<tr><td>主 持 人</td><td></td><td>班　　级</td><td></td></tr>
</table>

环节一:故事导入

一位商人在过河时不小心从船上掉进了水里,他抓住水中的麻秆大声求救。刚好附近一个渔夫驾船而来准备去救他,还没有靠近,商人急忙向他大声喊:“我是济阳一带的富翁,你若能救我,我将付你一百两金子。”渔夫用船桨将他拉上船并把他救上岸后,商人却只给了他十两金子。渔夫说:“当初你答应给我一百两金子,可现在只给十两,恐怕不可以吧!”商人非常生气地说:“你一个打鱼的人,一天的收入能有多少? 你突然间得到十两金子还不满足吗?”听到这话,渔夫很失望地走了。后来有一天,这商人乘船顺吕梁湖而下,船又触到石头沉没,他再一次落水。正好原先救过他的那个渔夫也在那里。有人问渔夫:“你为什么不去救他呢?”渔夫说:“因为他是答应给我钱却没有兑现的人。”渔夫把船靠岸观看那位商人在水中挣扎,商人沉入水底淹死了。

听完故事后抽取几名同学发表感想,并借此引出班会主题“立身之本——诚信”。

环节二:诚信大家谈

(一)简单介绍“诚信”二字的含义

诚信是公民的第二个“身份证”,是日常行为的诚实和正式交流的信用的统称。诚信一般指为人处世真诚诚实,尊重事实,实事求是,或指信守承诺。

图8-1-1 诚信

(二)阐述“诚信”在社会主义核心价值观中的重要地位

在当今时代条件下,诚信是社会主义核心价值观的重要内容。中国社会道德价值观不是建立在追逐个人物欲私利基础上的个人主义,而是立足自身、奉献社会、忠诚国家、放眼天下的集体主义,在这种道德价值观中,诚信处于至关重要的地位。

(三)选取同学发言,列举出班上有哪些诚信的事迹

(四)选取同学发言,在我们周边有哪些不诚信的现象

班主任点评:作为中华民族的优秀传统美德,诚信是评判个人修养高低和人格是

否完善的核心标准，也是社会道德的基础。大家能够看到别人身上的优点，并坦言自己身上存在的一些不诚信的行为，这本身就是一种诚信的表现。目前，大家已经能够意识到日常生活中哪些行为是值得鼓励的，哪些行为是不符合社会主义核心价值观要求的，接下来我们要在日常的生活和学习中，自觉地避免犯这些错误，严于律己，诚以待人。

环节三：阅读诚信小故事

一个晴朗的早晨，曾子的妻子梳洗完毕，换上一身干净整洁的蓝布新衣，准备去集市买一些东西。她出了家门没走多远，儿子就哭喊着从身后追了上来，吵着闹着要跟着去。孩子不大，集市离家又远，曾子的妻子带着他很不方便。因此曾子的妻子对儿子说："你回去在家等着，我买了东西一会儿就回来。你不是爱吃酱汁烧的蹄子，猪肠炖的汤吗？我回来以后杀了猪就给你做。"这话倒也灵验，她儿子一听，立即安静下来，乖乖地望着妈妈一个人远去。曾子的妻子从集市回来时，还没跨进家门就听见院子里捉猪的声音。她进门一看，原来是曾子正准备杀猪给儿子做好吃的东西。她急忙上前拦住丈夫，说道："家里只养了这几头猪，都是逢年过节时才杀的。你怎么拿我哄孩子的话当真呢？"曾子说："在小孩面前是不能撒谎的。他们年幼无知，经常从父母那里学习知识，听取教诲。如果我们现在说一些欺骗他的话，等于是教他今后去欺骗别人。虽然做母亲的一时能哄得过孩子，但是过后他知道受了骗，就不会再相信妈妈的话。这样一来，你就很难再教育好自己的孩子了。"曾子的妻子觉得丈夫的话很有道理，于是心悦诚服地帮助曾子杀猪去毛，剔骨切肉。没过多久，曾子的妻子就为儿子做好了一顿丰盛的晚餐。

阅读完小故事，同学们有什么感想呢？

环节四：你来比画我来猜

将全班同学分为三组，每组选两名同学参加你来比画我来猜游戏，所选成语都与"诚信"有关。游戏中一人看着大屏幕上的成语比画、提示，组内其他成员来猜。

游戏规则：

1. 提示时不能透露成语中的任何一个字。

2. 每组限时2分钟。

3. 按每组猜出成语数量多少排名，数量最多的获胜。

可选成语：一言九鼎，一诺千金，一言既出，驷马难追，拾金不昧，歃血为盟

食言而肥，说一不二，表里如一，开诚布公，季路一言，言出必行，徙木立信

游戏结束后由班主任宣布最后结果，获胜小组可获得奖励。

图8-1-2 徙木立信

环节五：宣读并签订诚信承诺书

为诚信做人、诚信处事、诚信学习，塑造诚信学生，打造诚信校园，我们做出以下承诺：

1. 树立个人诚信形象，在人际交往中明礼诚信、以诚待人、恪守承诺。

2. 遵守学校规章制度，积极参加学校各项活动，认真学习，严格遵守考试纪律，不作弊。

3. 弘扬家庭社会美德，孝顺父母，不欺骗父母，体贴长辈，关心弟妹。

承诺人（签字）：_________

环节六：班会主题拓展与升华，班主任点评

中华民族历来把诚实守信作为立身处世之本，诚信也贯穿在我们生活中的点点滴滴，只有诚信待人，才能赢得别人的尊重和信任；只有诚信学习，才能掌握扎实的知识和能力；只有诚信工作，才能真正取得事业上的成功。同学们，你们作为祖国未来的建设者，希望你们能诚信做人，将诚信作为自己为人处世的标准，自觉自律，自尊自强，弘扬社会主义核心价值观，从自身做起，使诚信之花开遍社会。

主题班会结束！

所思、所感、所悟

第二节　职业生涯——诚信

<table>
<tr><td>班会背景</td><td colspan="3">诚信是维系社会健康协调运转的精神纽带，是推动社会发展的精神动力，是指引社会前进的精神旗帜。对学生进行诚信教育，既是建设新时代中国特色社会主义、实现中华民族伟大复兴的内在需要，也是培育和践行社会主义核心价值观、弘扬劳模精神和工匠精神，解决当前社会诚信缺失问题的现实需求。</td></tr>
<tr><td>班会要点</td><td colspan="3">1. 播放职业诚信采访小视频。
2. 观看诚信小品。
3. 职业诚信大家谈。
4. 职业诚信小故事。
5. 合唱《诚信中国》。
6. 班主任点评。</td></tr>
<tr><td>班会准备</td><td colspan="3">1. 社会采访：随机采访大众对于职业诚信的认识。
2. 排练关于诚信的自导自编的小品。
3. 搜集社会生活中有关职业“不诚信”的现象。
4. 合练歌曲。</td></tr>
<tr><td rowspan="4">班会目标</td><td>目标类型</td><td colspan="2">目标要求</td></tr>
<tr><td>认知目标</td><td colspan="2">1. 明确诚信的含义。
2. 理解诚信对职业生涯的重要意义。
3. 了解不诚信的现象。</td></tr>
<tr><td>能力目标</td><td colspan="2">1. 能崇尚职业诚信，远离职业诚信失范。
2. 把职业诚信作为就业后的基本原则。
3. 对自身或他人的职业诚信行为具有判别力。</td></tr>
<tr><td>情感目标</td><td colspan="2">1. 意识到讲职业诚信要从现在做起，落实到日常生活实践中。
2. 提高对职业诚信重要性、紧迫性的认识，系上诚信的“安全带”。</td></tr>
<tr><td>班会方法</td><td colspan="3">娱乐法等。</td></tr>
<tr><td>课　　时</td><td colspan="3">2课时。</td></tr>
<tr><td>班会过程</td><td colspan="3"></td></tr>
<tr><td>时　　间</td><td></td><td>地　　点</td><td></td></tr>
<tr><td>主 持 人</td><td></td><td>班　　级</td><td></td></tr>
</table>

环节一：播放社会采访视频

（一）职业诚信的概念

职业诚信就是坚守职业道德的品质，反映了一个人在从事某种职业时的工作水平和对工作、客户等认真负责的态度。比如律师必须保证委托人的全部合法利益，司机必须严格遵守交通法规等。对职业院校学生进行职业诚信教育，既是建设新时代中国特色社会主义、实现中华民族伟大复兴的内在需要，也是培育和践行社会主义核心价值观、弘扬劳模精神和工匠精神，解决当前社会诚信缺失问题的现实需求。

（二）导入语结束后，播放同学们制作的社会采访视频——不同的人对于职业诚信的认识

（三）请同学们围绕以下三点谈谈对于职业诚信的认识和理解

1.职业诚信与个人利益。

2.职业诚信与维系友谊。

3.职业诚信与善意的谎言。

班主任点评：学生作为国家未来的建设者，必须站在新时代中国特色社会主义建设、中华民族伟大复兴的高度，充分认识到不讲诚、不守信给整个社会运行机制带来的危害性，树立忧患意识，增强紧迫感与责任意识，从自身做起，从纠正自身小的诚信缺失做起，积极培育诚信品格，为构建诚信社会，为实现全社会诚信状况的根本好转，为建设文明和谐社会做出自己应有的贡献。

环节二：观看诚信小品《今夜无眠》

1.分组讨论，如何看待小品中的职业诚信/不诚信现象。

2.这些不诚信的行为会导致什么后果？

环节三：职业诚信大家谈

1.抽问同学在社会上听到或看到的有关职业不诚信现象。

2.请同学们思考如何融诚信于完善的诚信培育机制中，匡正失信行为。

3.班主任点评：职业诚信的失范是从业者他律和自律相对弱化的表现，职业诚信需要通过对从业者他律和自律的强化加以重塑。从同学们的交流中我总结了几条，第一，把诚信教育贯穿于专业教学中。做好顶层设计，把诚信品格的塑造列入学校人才培养方案之中。第二，把诚信教育贯穿于班级活动中。班主任、辅导员要引导学生开展形式多样的诚信教育活动，寓教于乐。第三，把诚信教育贯穿于校园文化活动中。诚信教育要与校园文化活动有效结合起来，发挥校园文化的舆论引导作用。通过校园

宣传栏、网络等进行宣传教育，歌颂诚信典型，抨击失信行为，营造“人人守诚，个个讲信”的校园氛围。第四，把诚信教育贯穿于网络阵地中。充分运用互联网思维，利用校园网络阵地，融诚信教育于丰富多彩的网络互动中，吸引学生的注意力，营造良好网络诚信育人氛围。虽然在市场经济条件下容易发生职业失信的现象，但是随着市场经济的不断发展，法律、政策和规章制度的日益完善，人们的合同意识不断增强，有利于对从业者的职业诚信形成规范。

环节四：职业诚信小故事

（一）五假干部卢恩光

“五假干部”卢恩光近日在央视播出的电视专题片《巡视利剑》中被曝光，引起舆论强烈反响。卢恩光是一名年龄造假、学历造假、入党材料造假、工作经历造假、家庭情况造假的“五假干部”。专题片中指出，这是改革开放以来罕见的个人情况全面造假，金钱开道、投机钻营、跑官卖官，是职业失信的典型案件。

（二）纵火保姆莫焕晶

2017年6月22日，杭州市某小区发生火灾，造成被害人朱某某及其3名子女吸入一氧化碳中毒，抢救无效死亡。火灾发生后，杭州市、区两级公安机关迅速成立专案组开展现场勘查、走访调查等侦查工作，认定系一起放火刑事案件，该户保姆莫焕晶有重大作案嫌疑。经审查，其对放火、盗窃的犯罪事实供认不讳。杭州市人民检察院批准逮捕决定，杭州市公安局对涉嫌放火罪、盗窃罪的犯罪嫌疑人莫焕晶依法执行逮捕。莫焕晶到案后，公安机关对其涉及的犯罪事实进行了全面细致的调查。经查发现，莫焕晶长期沉溺于赌博，负债累累，2015年初外出避债打工，先后在浙江绍兴、上海从事保姆工作，为获取赌资曾盗窃三名雇主家中财物，均被发现后辞退。

（三）请同学们发表感想

环节五：合唱《诚信中国》

诚信，既是治国之道，兴邦之计，也是每个人的职业之基，修德之道。树无根不活，人无诚难成事。你表里如一，我诚实守信；你精诚所至，金石为开，我以诚相待，以心换心。下面让我们一起合唱《诚信中国》！

环节六：班会主题拓展与升华，班主任点评

同学们，我们需要用诚信构建自己的事业基石，需要诚信打造自己坚实的明天。诚实做人，诚挚待人，诚恳工作。诚信并不遥远，诚信就在心间。让我们从现在做起、

从我做起、从身边小事做起，做到明礼诚信，只有这样，才能取信于他人、服务于社会、奉献于人民和国家。诚实守信是一种美德，是每个人必须具有的品质。让我们牢记诚信二字在职业生涯中的重要作用，共同践行社会主义核心价值观，在职业生涯中始终践行诚信！

主题班会结束！

所思、所感、所悟

第九章

习惯养成教育

导 言

我不是你的影子，但我与你亲密无间；我不是机器，但我全心全意听命于你。对成功的人来说，我是功臣；对失败的人来说，我是罪魁祸首。培训我——我会为你赢得世界；放纵我——我会毁掉你的终身。我到底是谁？我平凡得让你惊奇。[①]你们知道我是谁吗？

“习惯”是指长时间养成的不易改变的行为动作、生活方式、社会风尚等。让我们养成良好的习惯，收获幸福的人生。

①雷鸣．思想品德同步导学七年级（上册）（粤教版）[M]．重庆：西南师范大学出版社，2015.

第一节　习惯改变命运

<table>
<tr><td>班会背景</td><td colspan="3">三年的学习生涯后，你们可能将走上工作岗位，面对新的学习、工作、生活环境。你们若缺乏良好的学习、工作和生活习惯，将会失去很多人生发展机遇。为了让同学们养成良好的习惯，特举行此次习惯养成主题班会。</td></tr>
<tr><td>班会要点</td><td colspan="3">1. 故事导入：习惯的重要性。
2. 看看你有哪些习惯。
3. 学习习惯测试。
4. 摒弃坏习惯。
5. 共同拟订自我习惯的完善计划。
6. 班主任点评。</td></tr>
<tr><td>班会准备</td><td colspan="3">1. 准备主持人主持词。
2. 搜集多个有关习惯的小故事。
3. 准备习惯测试卡。
4. 自制垃圾箱。
5. 拟订习惯计划表。</td></tr>
<tr><td rowspan="4">班会目标</td><td>目标类型</td><td colspan="2">目标要求</td></tr>
<tr><td>认知目标</td><td colspan="2">1. 认识习惯对个人发展的重要性。
2. 加深对养成好习惯的认知。
3. 了解自身存在哪些好与不好的习惯。</td></tr>
<tr><td>能力目标</td><td colspan="2">1. 掌握好习惯和坏习惯的划分标准。
2. 能制定改变不良习惯的有效方法。</td></tr>
<tr><td>情感目标</td><td colspan="2">1. 培养养成好习惯的意识。
2. 增强习惯养成的可行性和执行力。</td></tr>
<tr><td>班会方法</td><td colspan="3">故事法等。</td></tr>
<tr><td>课　　时</td><td colspan="3">2课时。</td></tr>
<tr><td>班会过程</td><td colspan="3"></td></tr>
<tr><td>时　　间</td><td></td><td>地　　点</td><td></td></tr>
<tr><td>主 持 人</td><td></td><td>班　　级</td><td></td></tr>
</table>

环节一：故事导入——习惯改变命运

故事1：有一个小徒弟和师父学剃头发，师父让他先练习剃冬瓜上的毛。小徒弟有个习惯，每次剃完最后一个冬瓜，就把刀插在那个冬瓜上，喊一句“完活”。时间久了，小徒弟的手艺也越来越好，可以出师了。一天，来了一位客人要剃光头。师父正忙着，就让小徒弟去给客人剃头，顺便检验一下他的手艺。小徒弟剃得非常好，客人也很满意，但是剃完最后一下时，他习惯性地把剃刀往客人头皮上一插，喊一句“完活”。后果大家可想而知。

正所谓“好习惯使人受益一生，坏习惯可能毁掉前程”。

故事2：在印度和泰国，驯象人在大象还是小象的时候，用一根铁链将它绑在钢柱或水泥柱上，无论小象怎么挣扎都无法挣脱。小象渐渐习惯了不挣扎，直到长成大象，可以轻而易举地挣脱链子时，也不再去挣脱一根小小的链子。一段小小的链子，拴得住一头大象，这不荒谬吗？可这荒谬的场景在印度和缅甸到处可见。

驯虎人本来可以像驯象人一样成功，他让小虎从小吃素，直到小虎长大。老虎不知肉味，自然不会伤人。驯虎人的致命错误在于他摔了一跤之后让老虎舔净他流在地上的血，老虎一舔而不可收拾，终于将驯虎人吃了。

小象是被铁链子绑住，而大象则被习惯绑住。老虎曾经习惯吃素，而驯虎人则死于习惯(他已经习惯于他的老虎不食人)。习惯可以改变一切。习惯了捆绑的象囚禁了它本该自由的命运，习惯了老虎吃素的驯虎人被习惯终结了自己的生命。

环节二：头脑风暴——看看你有哪些习惯

看完上面的小故事，小组讨论，总结自己有哪些习惯：

1.不吃早饭。

2.早起第一件事情是翻看微信朋友圈。

3.走路时低头玩手机。

4.起床就叠被子，不喜欢床上乱糟糟。

5.离开教室时自觉把凳子倒立在桌子右上角。

6.喜欢思考问题的时候转笔。

7.在学习中遇到问题时，习惯先放一边，之后又忘了解决。

8.自习课没老师时就玩游戏。

9.碰见熟悉的老师主动问好，看见不熟悉的老师就躲避。

10.心情不好时就想抽烟。

11.紧张的时候爱啃手指。

12. 熬夜。

结合自己刚刚归纳的习惯，根据总结分类，把对生活质量和学习效率有利的归为好习惯，对其不利的归为坏习惯。

环节三：学习习惯测试（在符合自己学习习惯的括号中画“√”）

1. 学习时间不固定。（　）
2. 课堂上注意力不集中。（　）
3. 不爱用工具书，马马虎虎应付学习。（　）
4. 学习目标不明确。（　）
5. 不会不懂也不问。（　）
6. 学习时容易走神。（　）
7. 课堂上要下课时就听不进去了，开始想课后活动。（　）
8. 喜欢抄袭别人的作业。（　）
9. 作业本、考试卷发下来，看看分数，就扔到一边，从不认真检查分析。（　）
10. 完成功课的过程中，常做一些小动作。（　）
11. 遇到好玩的事物或游戏，就会忘记做作业。（　）
12. 一边做作业，一边听音乐或看电视。（　）
13. 用完学习用具不收拾，再次使用时找不到。（　）
14. 平时不用功，考前开夜车。（　）
15. 只喜欢学习某一门学科。（　）
16. 情绪波动大，常因喜怒哀乐而影响学习。（　）

分析：获得5个以下“√”的，要引起注意，立即改正坏习惯。获得5至10个“√”的，赶紧制订改正计划，自行改正。获得10个以上“√”的，问题严重，必须请教师和家长进行介入纠正。

环节四：摒弃坏习惯

每个人都会有一些坏习惯，别人看到你的这些坏习惯后心里很不舒服，但自己可能不觉得，习惯一旦养成，便很难再改掉。

1. 认识到自己的坏习惯，很多人都不知道自己有哪些坏习惯，坏习惯可能是一个不经意的经常性动作，可能是口头禅。

2. 让身边的人或朋友帮助自己，督促自己，这样你将会更快改掉坏习惯。

3. 先给自己一个方向，然后朝着那个方向努力，每天改掉一些坏习惯，坚持一段时间，才能彻底地改掉坏习惯。

4. 克制一种习惯时，可以适当奖励自己，这样有助于成功。

5. 要记得提醒自己，如“我正在减肥，我正在戒烟中”等。

6. 多听听家人、长辈、朋友们对你的意见。

将自己之前总结归类的坏习惯丢进垃圾箱，加深自己改掉坏习惯的决心。

图 9-1-1 坏习惯垃圾箱

环节五：习惯计划表

行为心理学研究的结论是：21天以上的重复行为会形成一个习惯。你相信吗？

形成习惯的三个阶段：第一阶段，大概是一周，阶段性的表现为比较刻意和不自然地想要去做某些事，这个时候就要时刻提醒自己；第二阶段，一周到20天左右，阶段性表现为较刻意和自然，对一些事情的想法没有那么迫切，还需要一些意识的控制；第三阶段，在21到90天，阶段性表现为不经意、自然，形成固化习惯，习惯成自然。

我们一起来尝试一下吧。先从一个小习惯开始，坚持21天，看看自己能不能做到。

表 9-1-1 习惯计划表

××习惯计划表																				
第一阶段(天)							第二阶段(天)													第三阶段(天)
1	2	3	4	5	6	7	8	9	10	11	12	13	14	15	16	17	18	19	20	21至之后

改变命运从好习惯开始。

环节六：班主任点评

思想决定行为，行为养成习惯，习惯形成性格，性格改变命运。习惯源于细节，细节造就成功。不愿做平凡小事，就做不成大事，因为大事往往是从一点一滴的小事做起来的。

1. 良好的生活习惯会使身体的新陈代谢有好的规律，从而促进身体健康，生活、学习、工作都会变得有条理。

2. 良好的文明习惯可以让我们更好地与他人相处，从而获得更多的友谊。

3. 良好的学习习惯，比如早睡早起，今日事今日毕，上课不睡觉、玩手机，会提高自己的学习积极性和主动性。

所以，让我们从现在开始，从一点一滴做起，从细节做起，养成好习惯，改掉坏习惯。

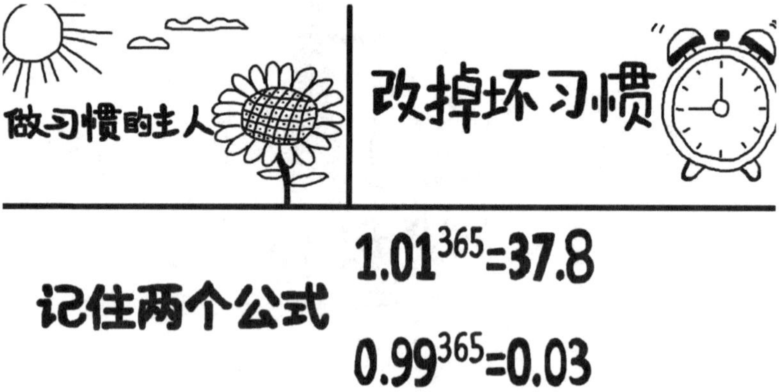

图9-1-2 陋习须改

主题班会结束!

所思、所感、所悟

第二节　文明礼貌，文明公约

<table>
<tr><td>班会背景</td><td colspan="3">不好的行为习惯，导致同学之间发生矛盾与摩擦，给学校的教育带来很多不便之处。如果不改变这些不文明行为，必将影响同学们的健康成长和人生发展。</td></tr>
<tr><td>班会要点</td><td colspan="3">1. 班会主题导入。
2. 即兴表演。
3. 列举身边的不文明行为。
4. 礼貌用语游戏接龙。
5. 朗诵《中职学生文明公约》。
6. 班主任点评。
7. 合唱《歌声与微笑》。</td></tr>
<tr><td>班会准备</td><td colspan="3">1. 搜集有关资料和图片，制作多媒体课件。
2. 排练小品，准备相关道具。
3. 准备游戏获胜奖品。
4. 准备“文明大使”绶带。</td></tr>
<tr><td rowspan="4">班会目标</td><td>目标类型</td><td colspan="2">目标要求</td></tr>
<tr><td>认知目标</td><td colspan="2">了解有关生活、学习等方面的文明礼仪。</td></tr>
<tr><td>能力目标</td><td colspan="2">1. 培养意识到自我的不文明之处并加以改正的能力。
2. 时时刻刻讲文明用语，做文明人。</td></tr>
<tr><td>情感目标</td><td colspan="2">努力提高文明修养，做一个“讲文明、懂礼貌”的新时代学生。</td></tr>
<tr><td>班会方法</td><td colspan="3">情景模拟法等。</td></tr>
<tr><td>课　　时</td><td colspan="3">2课时。</td></tr>
<tr><td>班会过程</td><td colspan="3"></td></tr>
<tr><td>时　　间</td><td></td><td>地　　点</td><td></td></tr>
<tr><td>主 持 人</td><td></td><td>班　　级</td><td></td></tr>
</table>

环节一:班会主题导入

我国是文明古国,以礼仪之邦著称于世。古今中外,许多知礼谦让的故事流传至今。比如:众所周知的“孔融让梨”,说的是孔融四岁时,便懂得礼让;“张良拾鞋”讲的是张良尊敬老人,主动拾鞋,并恭恭敬敬地给老人穿鞋的故事。国家主席毛泽东,虽然身居高位,却平易近人,谦恭礼让。周总理,待客热情周到,是世界公认的最有风度的领导和外交家之一。

启示:我们从小就要养成讲文明、懂礼貌的好习惯。

民族是以文化为特征的,好的东西应该继承,并且发扬光大,这样才有利于民族振兴,社会进步!

环节二:即兴表演

第一场:值日生刚打扫完教室外面的楼道,把垃圾倒掉。学生甲吃完香蕉,随手就把香蕉皮扔在地上。学生乙正唱着轻快的歌儿经过,不小心踩到香蕉皮,摔了个四脚朝天。学生乙爬起来之后,拍拍屁股,骂了一句:“哪个笨蛋扔的!摔死我了。”愤愤地离开了。

第二场:学生丙背着书包准备回家,当他经过这个地方时,差点儿也踩到香蕉皮,但他并没有立即离开,而是弯下腰把香蕉皮捡起来,经过垃圾桶的时候,把它扔了进去,然后高高兴兴地回家去了。

看完这两个即兴表演,大家有什么感想呢?你是甲,是乙,还是丙呢?下次再碰到类似的事情,你又会怎样做呢?(学生发言)

环节三:列举身边不文明行为

公共场所陋习:随地吐痰、大声喧哗、乱扔垃圾、公共场所吸烟、说脏话粗话、高空抛物、拒绝给老幼孕妇让座、在公众场所穿着不雅(穿睡衣等)、醉酒闹事等。

公共交通陋习:闯红灯,行人不走人行横道、天桥、地下通道,随意横穿马路,无证驾驶机动车,向车外抛掷杂物、吐痰,骑行时听音乐、打电话等。

校园常见陋习:随地吐痰、乱丢垃圾;讲粗话脏话,无礼谩骂,乱取绰号;不主动回收餐具;践踏草坪,攀折花木;胡乱张贴广告、散发传单;便后不冲厕所;浪费粮食、水电;违章使用大功率电器;无视他人隐私,偷窃他人财产;观看或传播黄色书刊、音像制品;在宿舍区打闹、吸烟、酗酒、赌钱,影响他人学习和休息;寝室打扫不勤,内务差;课前无人擦黑板;上课、集会等迟到、早退,无故旷课;上课睡觉、讲话、随意进出等影响正常课堂秩序;在教学区内吸烟;考试作弊、抄袭作业;在课桌、墙上、公告栏等乱涂、乱画,损毁公共财物;在图书馆、食堂长时间占座;在自习室、在图书馆内手机未调成振动或关机；在会场、图书馆或其他公共场所大声喧哗、打电话；在公共场所衣着不整（如光膀子、穿拖鞋、穿睡衣等）；在公共场所行为不雅（如抠鼻孔、剔牙、不守秩序等）；男女同学举止过度亲密；乱踢墙壁；不尊重老师、同学；等等。

请同学们对不文明行为加以补充并思考自己存在哪些不文明行为，加以改正。

环节四：礼貌用语游戏接龙

以小组为单位进行礼貌用语的游戏接龙，进行积分统计，接不上或者出现重复者将受到惩罚（如表演节目），得分最高组获胜并获得奖励。

1.礼貌用语十个字："您好，请，对不起，谢谢，再见"。

2.见面语："早上好""下午好""晚上好""您好""很高兴认识您""请多指教""请多关照"等。

3.感谢语："谢谢""劳驾了""让您费心了""拜托了""麻烦您""感谢您的帮助"等。

4.打扰对方或向对方致歉："对不起""请原谅""很抱歉""请稍等""麻烦""请多包涵"等。

5.接受对方致谢致歉时："别客气""不客气""不用谢""没关系""请不要放在心上"等。

6.告别语："再见""欢迎下次再来""慢走""祝您一路顺风""请再来"等。

7.忌用语："喂""不知道""笨蛋""你不懂""你能死了""狗屁不通""猪脑袋"等。

8.接听电话用语：

（1）您好！这里是×××单位×××室，请问您找谁？

（2）我就是×××，请问您是哪位？……，请讲。

（3）请问您有什么事？

（4）您放心，我会尽力做好这件事。

（5）不用谢，这是我们应该做的。

（6）×××同志不在，我可以替您转告吗？（请您稍后再来电话好吗？）

（7）对不起，这项业务请您向×××室咨询，他们的电话号码是……（×××同志不是这个电话号码，他（她）的电话号码是……）

（8）您打错号码了，我是×××单位×××股（室），……没关系。

9.打电话用语：

（1）您好！请问您是×××单位×××室吗？

（2）我是×××单位×××股（室）×××，请问怎样称呼您？

（3）请帮我找×××同志好吗？

(4)对不起,我打错电话了。

10.接待来客用语:

(1)请进!

(2)您好!同志您是……?

(3)请问您找谁?

(4)他(她)不在,请问有事需要转告吗?

(5) ×××单位(或×××同志)在×楼,我带您去(或指明地点)。

(6) 对不起,让您久等了。

(7) 请坐(请喝茶)。

(8) 我就是,请问有事需要办理吗?

(9) 请稍等,我马上为您尽快办理。

(10)您反映的情况,我们会尽快办理。

(11)对不起,这个问题……,请留下您的联系电话,我们研究后给您答复好吗?

(12)不用谢,请慢走!

11.到单位办事用语:

(1)对不起,打扰您一下。

(2)请问×××股(室)在哪间房?

(3)请问×××同志在吗?

(4)非常感谢您(麻烦您了)。

(5)请留步。

环节五:朗诵《中职学生文明公约》

一、服饰整洁,仪容端庄,举止文雅。

二、诚信为本,尊敬师长,团结友善。

三、文明交友,言行得体,礼让助人。

四、遵纪守法,关心集体,爱护校园。

五、热爱专业,勤奋学习,博学多能。

六、讲究卫生,保护公物,勤俭节约。

七、拒绝淫秽,远离烟毒,不涉邪教。

八、修养品德,自律自强,奉献社会。

大家一起朗诵《中职学生文明公约》并承诺签名,争做文明人。我们每周将评选出一名文明大使作为执行者和督促者,起表率作用。

环节六:班主任点评

亲爱的同学们,文明礼貌是一粒具有生命力的种子,作为一名学生,作为中华民族的后代,我们有义务、有责任弘扬我们的礼仪传统,树立良好的自身形象。只要心里播下这粒种子,它就会在我们的精神世界里生根、开花、结果,那么我们的社会就会更美好!希望这次活动能让我们真正理解文明礼仪的重要性,让我们把文明的种子撒遍生活的每一个角落,让文明之花越开越盛,开遍家庭、校园、社会!希望我们每一位学生都能够真正从自我做起,讲文明懂礼仪,做一个内外兼修的好学生。

环节七:合唱《歌声与微笑》

微笑是文明之花,属于你我他。让人见人爱的文明之花开在每个人的心中,开遍神州大地。请把我的歌带回你的家,请把你的微笑留下。礼貌用语挂嘴边,微笑面对每一天。一起来合唱歌曲《歌声与微笑》吧。

主题班会结束!

所思、所感、所悟

第三节　态度决定一切

<table>
<tr><td>班会背景</td><td colspan="3">就中职学生而言，大家普遍存在这样一种现象：学习态度不够端正，生活态度不够积极。对于进入新环境的同学来说，一切都是一个新的开始，如果在这个时候能摆正态度，认识到端正态度的重要性，就能够在全新环境中开启一个美好的旅程。因此，态度教育是非常必要的。</td></tr>
<tr><td>班会要点</td><td colspan="3">1. 导入班会主题。
2. 角色扮演情景剧。
3. 小组讨论问题。
4. 填写调查问卷。
5. 班主任点评。</td></tr>
<tr><td>班会准备</td><td colspan="3">1. 搜集有关态度的故事情节。
2. 准备讨论的题目及参考答案。
3. 准备调查问卷——学习态度检查表。</td></tr>
<tr><td rowspan="4">班会目标</td><td>目标类型</td><td colspan="2">目标要求</td></tr>
<tr><td>认知目标</td><td colspan="2">1. 了解态度对学习的影响和作用。
2. 了解自己的学习态度和生活态度。</td></tr>
<tr><td>能力目标</td><td colspan="2">1. 具备端正学习态度的能力和意识。
2. 能积极应对挫折。</td></tr>
<tr><td>情感目标</td><td colspan="2">1. 培养正确的学习态度。
2. 培养务实积极的良好生活态度。</td></tr>
<tr><td>班会方法</td><td colspan="3">情景模拟法等。</td></tr>
<tr><td>课　　时</td><td colspan="3">2课时。</td></tr>
<tr><td>班会过程</td><td colspan="3"></td></tr>
<tr><td>时　　间</td><td></td><td>地　　点</td><td></td></tr>
<tr><td>主 持 人</td><td></td><td>班　　级</td><td></td></tr>
</table>

环节一：以问题导入主题

你们认为成功的因素有哪些？

环节二：角色扮演情景剧

1.角色扮演：同学们分成几组，根据相应的情节进行表演。各小组进行讨论，通过帮助角色中的人物发扬其良好的学习表现、改善其不良的学习表现，端正自己的态度。

情景1：小英放学回到家里，与爸爸妈妈打个招呼，就自觉地打开书包，拿出家庭作业认真地做了起来。妈妈说："小英，玩一会儿再做吧？"她回答说："我做完了作业再玩。"

情景2：小强放学回到家，丢下书包就去开电视。妈妈说："小强，你不做家庭作业吗？"他不理睬妈妈的问话，继续看电视，直到晚饭时间还不关电视，说要边吃饭边看电视。

情景3：期中考试成绩公布了，小东的语文和数学都只得了65分，爸爸妈妈说："小东，你的成绩这么低，后半学期要努力才行。"他回答说："我已经考及格了，干吗还要努力？"

情景4：小青每次做事情，都要妈妈在旁边守着，凡是遇到困难，她就叫："妈妈，你来帮我。"如果妈妈说："你自己想想吧。"她就不高兴了，坐在那里赌气。

情景5：

十年前：

三个工人在砌一堵墙。有人过来问他们："你们在干什么？"

第一个人没好气地说："没看见吗？砌墙！我正在搬运着那些重得要命的石块呢。这可真是累人哪！"

第二个人抬头苦笑着说："我们在盖一栋高楼。不过这份工作可真是不轻松啊……"

第三个人满面笑容，开心地说："我们正在建设一座新城市。我们现在所盖的这幢大楼未来将成为城市的标志性建筑之一啊！能够参与这样一个工程，真是令人兴奋。"

十年后：

第一个人依然在砌墙；第二个人坐在办公室里画图纸——他成了工程师；第三个人，是前两个人的老板。

情景6：

一位孩子摔倒了，母亲说："宝贝，自己站起来！"然后用鼓励的眼神望着孩子，直到孩子站起来。

一位孩子摔倒了，母亲没有说话，只在孩子旁边反复模仿摔倒并站起来，以无声的实际行动教孩子自己站起来。

一位孩子摔倒了，母亲马上跑过去，扶起孩子，不停地说："宝贝，别哭，摔着没有？"边说还直跺地面："都怨地不好，让宝宝摔倒了，妈妈打地，宝宝乖！"

2. 引导学生进行讨论，并进行小结：强调消极、被动、依赖、马虎的态度，都不利于学习和发展。鼓励学生在了解自己学习和面对挫折的态度的基础上，进一步改善自我表现，端正自我态度。

环节三：问题讨论

小组讨论：同学们分成4～6个组，每组分别对有关学习的态度和面对挫折的态度的问题进行讨论。

1. 自己为什么而读书？

2. 自己的目标是什么？

3. 考试成绩不理想时，应该怎样改善提高？

4. 受到父母老师的批评，应该怎样对待？

5. 遇到挫折了，要怎样处理？

点评：

1. 为了以后过上好的生活，为了获得更多的财富，为了自己的某个理想，为了实现父母对自己的期望，为了成为心中羡慕的那个人，为了结交更多的朋友，为了……

无论什么缘由，都要说出来，知道为什么，才能为了这个想法去付诸行动。

2. 每个人都有自己的目标，或大或小，有远有近，亦真亦幻。我们也会发现我们的目标会随着我们的成长而改变。小时候，我们会把从父母那里得到一颗糖，当成是我们的目标。现在很多同学的目标就是考试能通过，顺利毕业，找到工作，有的同学的目标可能是减肥。不管是什么，只要心中有目标，就要朝着那个方向前进、努力。

3. 考试失败时首先分析原因，是粗心大意还是知识点不牢固，或是学习态度不端正，没有放在心上。若没考好是因为能力问题，后面继续努力；若是因为没把考试放心上，就是态度问题，要引起重视。

其次，针对原因找方法。如果是粗心，下次就要检查几遍，如果是知识点掌握不牢固，就要加强复习，做好充分的准备，总之，对症下药，学会反思。

4. 有的同学面对老师的批评很生气，还会顶撞老师，心生怨念；有的同学会表面接受，实际没有听进去，也不会改正；有的同学会虚心接受，并铭记于心，听从教诲，予以改正。

人非圣贤，孰能无过，知错能改，善莫大焉。教育的意义并不是老师为了批评你，而是希望正确引导你，让你能够少走弯路，健康成长。

5. 放下负担，调整心情。当我们遇到挫折时，我们需要做的第一件事情就是把我们的负担暂时放下，调整好心情，迎接下一步的变化。比如：出去散散步；和知心的人诉说烦恼；使自己忙碌起来；开始寻找挫折的原因；梳理情绪，给自己打气，树立信心；根据得失计划下一步如何走；昂首向前，吸取教训。

环节四：调查问卷——学习态度调查

完成以下问卷，看看自己得多少分。根据相应的分值和参考建议做出适当的调整，提升自己的思想，端正自己的学习态度。

表 8-3-1　学习态度调查

序号	内容	分值	画“√”	备注
1	课前预习，有备无患。	10分		
2	上课认真，不睡觉、不玩手机。	10分		
3	课后复习，温故知新。	10分		
4	独立完成作业。	10分		
5	不熬夜打游戏、看电影。	10分		
6	总结每次考试的不足。	10分		
7	及时向老师或同学请教不懂之处。	10分		
8	耐心向询问的同学解答。	10分		
9	每天坚持阅读半小时。	10分		
10	注意劳逸结合，保护视力。	10分		
得分统计				

表 8-3-2　学习态度调查表分析（100分）

分值	40分以下	40～60分	60～80分	80～100分
态度情况	差	较差	良好	优秀
参考建议	高度重视	提高自觉性	扬长避短	继续保持

环节五：班主任点评

同学们，态度是世界上最神奇的力量，它栖息于思想深处，左右着我们的思维和判断，控制着我们的情感与行动。一个人的生活状态、人生方向完全受控于其生存态度。用什么样的态度对待生活，就有什么样的现实生活。积极的态度可以使我们到达人生的顶峰，尽享成功的快乐和美好；消极的态度使我们一生陷于困难与不幸之中。态度影响我们的事业、生活、人际关系等，决定我们的人生成败，让我们记住：态度决定一切。

主题班会结束!

所思、所感、所悟

第四节　装扮我们的“家园”

<table>
<tr><td>班会背景</td><td colspan="3">家,是每个人成长的第一乐园;家,是一个永远让人留恋的地方;家,是心灵的港湾;家,是充满爱的天堂。我们的班级也是我们的家,我们要装扮我们的家,让大家感受到家庭的温暖、家人间的情谊,增进彼此的凝聚力,让班级大家庭的所有成员能够相亲相爱,共同成长。</td></tr>
<tr><td>班会要点</td><td colspan="3">1.我的班级我的家。
2.小组代表发言:我理想中的“家”。
3.班级文化建设。
4.进行教室美化。
5.班主任点评。
6.合唱改编歌曲《我爱我的家》。</td></tr>
<tr><td>班会准备</td><td colspan="3">1.准备主持人主持词。
2.搜集学生平时的照片,制作PPT。
3.准备美化教室的材料和工具,进行人员分工。
4.改编歌词,创作一首属于班级的歌曲。</td></tr>
<tr><td rowspan="4">班会目标</td><td>目标类型</td><td colspan="2">目标要求</td></tr>
<tr><td>认知目标</td><td colspan="2">1.了解班级这个大家庭的含义。
2.明确自己是家庭成员的身份。</td></tr>
<tr><td>能力目标</td><td colspan="2">1.能够捍卫家园的名誉、爱护家园的环境。
2.能为这个集体尽自己的绵薄之力。</td></tr>
<tr><td>情感目标</td><td colspan="2">1.培养集体荣誉感。
2.培养大爱无疆的思想情操。</td></tr>
<tr><td>班会方法</td><td colspan="3">专题讨论法等。</td></tr>
<tr><td>课　　时</td><td colspan="3">2课时。</td></tr>
<tr><td>班会过程</td><td colspan="3"></td></tr>
<tr><td>时　　间</td><td></td><td>地　　点</td><td></td></tr>
<tr><td>主 持 人</td><td></td><td>班　　级</td><td></td></tr>
</table>

环节一:我的班级我的家

根据搜集的日常学习、生活的照片、视频,展示班级大家庭的每个成员。

图9-4-1　我们的班集体

图9-4-2　教室

图9-4-3　寝室

我们都是这个大家庭的成员,有缘走到了一起,共同学习,一起成长,在同一个屋檐下学习、生活,虽然我们没有血缘关系,但是我们情同家人。家人之间应该互敬互爱,我们的家应该生机勃勃,我们的家园应该窗明几净。

图9-4-4的家是家吗?这样的家园你喜欢吗?(提问,同学反思)

图9-4-4　杂乱的教室

环节二:小组代表发言——我理想中的“家”

1.小组讨论:针对第一环节的提问,以6~8人为一个小组,讨论、总结理想中的家的模样。

2.代表发言:每组派一个代表上台讲述理想中的家应该是什么样子的。

3.主持人发言。

首先,我理想中的班级应该是人人品学兼优的班级。在这个班里,每个同学都注重自己的思想品德修养,能做到自尊自爱、诚实守信、礼貌待人、尊老爱幼和严于律己。在日常生活中,同学们在上学、放学时对长辈打招呼,在早晨进校时能够对值勤师生说“早上好”。同时,这个班的同学又特别爱学习,能做到勤奋学习、孜孜不倦,每个同学都很认真学习,上课能够认真听讲,遵守课堂纪律,课前认真预习,课后搞好复习,并在考试时做到三步——第一步,考前力争100分;第二步,考后一定100分;第三步,在学习上提倡一些悟性,悟经验、教训和诀窍。

其次,我理想中的班级是一个团结紧张、活泼有序的集体。在这个大集体里,同学们能够在学习上互相竞争、互相超越,在生活上互相关心,互相帮助,特别是当别的同学有困难、有问题时,大家都能够主动及时地伸出援助之手。在课堂学习上,同学们能够互相监督,并坦诚地对有问题的同学提出批评意见和改进建议,有问题的同学则能够虚心接受,努力改正。课后和业余时间,同学们则相互嬉戏,心情愉快,精神放松。

最后,我理想中的班级就像是一个温馨的大家庭。在这个大家庭里,老师就像家长或大哥哥大姐姐一样,同学们就像兄弟姐妹一样。老师能够关心同学们,帮助同学们克服一些小困难,引导和帮助同学们健康成长,快乐成长。在学习上,老师能够帮助所有的同学提高学习成绩,让我们学会学习,学会做事,懂得做人,而当有个别同学出现问题时,老师们能够主动找那些同学谈心,耐心进行教育和批评,给他们改正的机会。休息时,老师能够与同学们一起玩耍来活跃气氛。平时,大家能够坦诚地交流想法,在这个大家庭里能时时感受到温暖。

提炼总结:通过每组代表发言,进行班级文化建设。

环节三:班级文化建设

(一)班级文化建设总体目标

形成充满活力、人情味,昂扬向上,积极进取的文化氛围,让班级成为每一个学生温馨的家。

(二)班级文化建设的基本要求

班级整体面貌好:学生在集会、两操以及大型活动中的精神面貌,如学生的个人卫生、课间的文明礼仪等情况良好。

班级日常管理好:教室、公共区域清洁卫生和室内桌椅、学习用品整齐摆放。

班级文化氛围浓:班级壁报、图书角和室内布置(如:张贴名人名言、班训)。

班级文化有特色:班风、班训和班级公约的制订和规范张贴等。

(三)具体内容

根据本班学生个性、兴趣爱好等方面的特点确定班级的特色,制订特色班级创建计划。在此计划基础上,制订出概括力强、震撼力强、号召力强的核心精神,让它赋予班级学生无尽的自豪和长足的干劲!如"向前冲,让我们与众不同"。选择能代表班级精神的优秀歌曲为自己的班歌(可以保留曲谱,自己创作歌词),设计能体现班级风貌的班徽。

(四)开展活动

1.班级静态文化氛围布置活动。

全体成员讨论、制订出适合本班的、深受大家喜爱的、具有深刻内涵的班歌、班徽。

对科普(奥运)园地、生物角、卫生角、图书角、知识窗、争星台进行布置。

张贴班级公约、课程表、作息时间表及班内各项工作安排表等内容。

墙壁上可贴同学们的美术作品或兴趣小组作品,板报内增设班级特色展示角,如:知识窗、心灵论坛等。

2.班级动态文化教育活动。

班委会实行民主管理,并定期召开班干部例会。同学们多参加体育、艺术等课外兴趣小组活动,活跃班级氛围,促使自己全面发展。成立志愿者服务队,开展丰富多彩的社会实践活动。开展具有班级文化特色的主题班会(文化建设——塑造班级灵魂;主题教育——创建精神家园;活动体验——探索自我教育)。根据班级的特色,开展活动(如:课前3分钟演讲、经典诵读、名言警句介绍等),并积累材料。学期结束,形成一份具有班级特色的作品集、班级档案。办一份班级小报,通过累积"我的成长故事",记录同学们成长的足迹,可以记录个别同学在某一个班级活动后的体会,也可以记录班级轶事,学期结束后,各班整理形成自己班级的"成长在线"档案夹。

(五)建立三种制度

制订班级公约、班级一日常规、优秀学生评选标准。

环节四:进行教室美化

1.环境卫生方面:做到"五净",即地面净,无明显污渍;墙壁净,四角无蜘蛛网,墙面无脚印、球印;门窗净,用手触摸无灰尘;电灯、电扇净;黑板、桌椅净(桌椅上面不可以有任何字迹)。

2.设计布置方面:教室的设计、布置要简洁、大方,使用规范字,凸显教室特色。

3.教育作用方面:根据实际情况开设一些独具特色的知识窗口,比如图书角、知识角、环保角、荣誉角、公告栏、信息栏、才艺展示栏等,使其真正成为同学们展示学习成果的园地。

环节五:班主任点评

我们的班级就是我们共同的家园,我们的教室就是快乐的知识乐园。在我们团结和谐的家园里,你们每个人都是花园里的花种,只不过每个人的花期不同,有的花一开始就会很灿烂地绽放,有的花儿需要经历漫长的等待才能绽放。不要看着别人"怒放"了,自己的那棵还没动静就着急,相信花儿都有自己的花期,细心地呵护,使其慢慢地长大。

希望大家能够好好爱护我们的家园环境,创造小环境,营造大氛围,让我们的家园干净、整洁、和谐、向上、美好、幸福。我们这个家园也会因为大家的绽放而更加美丽,更加五彩缤纷。

环节六:合唱改编歌曲《我爱我的家》

大家一起合唱改编的班歌《我爱我的家》。

主题班会结束!

所思、所感、所悟

第五节　勤俭，继承中华民族的优良传统

<table>
<tr><td>班会背景</td><td colspan="3">“王老师，您好，学生在学校一个月的生活费一般是多少啊？我的孩子这个月又用了×××元生活费。”家长的电话揭示了中职生的校园生活现状。为了让同学们养成勤俭的优良传统，特举行“勤俭，继承中华民族的优良传统”的主题班会。</td></tr>
<tr><td>班会要点</td><td colspan="3">1．介绍本次主题班会的目的。
2．欣赏古诗《悯农》，引出勤俭主题。
3．击鼓传花游戏。
4．讨论勤俭的方法。
5．发布《勤俭节约倡议书》，并签署承诺。
6．班主任点评。</td></tr>
<tr><td>班会准备</td><td colspan="3">1．准备主持人主持词。
2．准备主题班会课件。
3．准备诗朗诵、击鼓传花游戏的工具。
4．共同签订《勤俭节约倡议书》。</td></tr>
<tr><td rowspan="4">班会目标</td><td>目标类型</td><td colspan="2">目标要求</td></tr>
<tr><td>认知目标</td><td colspan="2">认识勤俭节约的重要意义。</td></tr>
<tr><td>能力目标</td><td colspan="2">掌握勤俭节约的方法。</td></tr>
<tr><td>情感目标</td><td colspan="2">1．杜绝铺张浪费，养成勤俭节约的习惯。
2．培养崇尚勤俭节约的优秀品质，树立正确的金钱观、消费观。</td></tr>
<tr><td>班会方法</td><td colspan="3">娱乐法等。</td></tr>
<tr><td>课　　时</td><td colspan="3">2课时。</td></tr>
<tr><td>班会过程</td><td colspan="3"></td></tr>
<tr><td>时　　间</td><td></td><td>地　　点</td><td></td></tr>
<tr><td>主 持 人</td><td></td><td>班　　级</td><td></td></tr>
</table>

环节一:介绍本次主题班会的目的

勤俭节约历来是中华民族的优良传统。中国人相信一个道理:小到个人、家庭,大到民族、国家,勤劳、俭朴能造就兴旺发达,懒惰、浪费会导致破败灭亡。因此,本次班会的召开主要是为了让同学们懂得勤俭的重要性,养成勤俭节约的好习惯。

环节二:欣赏古诗《悯农》,引出勤俭主题

悯农

[唐]李绅

锄禾日当午,汗滴禾下土。

谁知盘中餐,粒粒皆辛苦。

图9-5-1 《悯农》

欣赏完古诗,邀请同学主动谈谈对此诗的看法及感想,引入勤俭的定义。

同学们对这首诗肯定不陌生,这是我们在小学就学过的古诗,作者李绅是在用古诗感叹、怜悯农民的不易。从“谁知盘中餐,粒粒皆辛苦”这两句诗可以看出我们吃的粮食是通过劳动人民艰苦劳作而获得的,因此,我们不仅要感叹粮食的来之不易,体谅农民的艰辛,更要懂得勤俭节约。

环节三:击鼓传花游戏

游戏规则为:接到花者大胆说出生活中的浪费行为。生活中的浪费行为有:不关紧水龙头,生活费用高,文具、作业本未使用完就扔掉,浪费粮食,不随手关灯和电风扇等,光线明亮时仍开灯,浪费纸张(纸张只使用一面)。

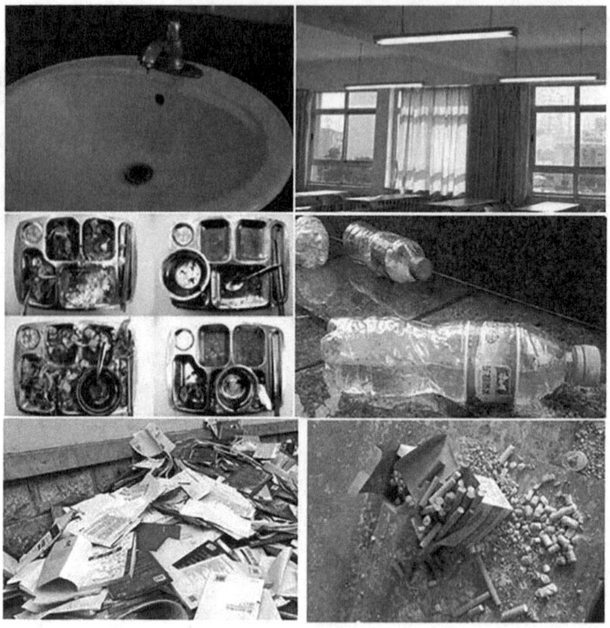

图9-5-2　浪费行为

环节四：讨论勤俭的方法

我们知道水是生命之源，因此，我们应珍惜每一滴水。除了节约水，我们还要养成勤俭的习惯，那现在同学们一起来讨论一下勤俭的方法吧！

1. 做到人走电关（放学后记住关闭教室的电灯、风扇）。
2. 教室、寝室光线充足时，要把灯关掉。
3. 电脑投影设备不用时需关闭。
4. 不浪费水（洗手后关闭水龙头，不玩水）。
5. 珍惜粮食，不浪费粮食，进行光盘行动。
6. 不浪费作业本、文具。
7. 不攀比，生活费用开支有度等。

环节五：发布《勤俭节约倡议书》，并签署承诺

勤俭节约倡议书

亲爱的同学们：

勤俭节约是中华民族的传统美德，而现在浪费现象较为常见，不少人认为，既然是自己购买的物品就有权自由支配。作为消费者，我们确实有权支配自己的财富，但是作为社会人，我们无权浪费有限的自然资源。厉行勤俭节约、反对铺张浪费的相关文件，在全国引起广泛关注和讨论，学校党委向全校师生员工提出了坚持和发扬艰苦奋斗精神，厉行勤俭节约，反对铺张浪费的具体要求。“俭节则昌，淫佚则亡。”建设节约型

社会是落实科学发展观,促进经济社会持续、快速、健康发展的重要目标和任务。为响应号召,结合学校实际情况,现发出如下倡议:

一、从自身做起,树立节俭意识。“俭,德之共也;侈,恶之大也。”“勤能补拙,俭以养廉。”将“勤俭”作为我们人生发展的奠基石,与锤炼高尚的个人品德和追求高品质的幸福人生统一起来。

二、从现在做起,树立节俭新风。我们不但要争当勤俭节约的行动表率,更要积极倡导节约文化,广泛宣传节约理念,身体力行去感召、影响和带动同学、朋友、家人乃至身边的每一个人加入节约行列,营造“节约光荣,浪费可耻”“节约资源,人人有责”的良好氛围,助推“勤俭节约”成为时代徽标,“俭约生活”成为社会时尚。

三、从细节做起,把握点滴之处。一粥一饭,当思来之不易;半丝半缕,恒念物力维艰。厉行勤俭节约,贵在每个人以身作则,贵在做好每一个细节。“勤俭节约”说起来不难,但真正做好,要靠我们每一个人在点滴之处杜绝浪费。

1. 节约用电,做到人少灯少、人走灯灭;尽量使用节能灯并减少使用时长。

2. 节约用水,珍惜水资源,人走水断流,避免“水长流”现象发生,看到未拧紧的水龙头应及时拧紧,看到漏水的水管及时报修。

3. 节约使用学习用品,打印纸、信纸尽量双面使用,提高利用率,用完的纸制品不随意扔弃;提倡自带水杯,尽量不使用一次性杯具。

4. 节约粮食,倡导“光盘行动”。在食堂就餐时按自身实际饭量购买饭菜,珍惜每一粒粮食,杜绝剩饭剩菜的行为。将口号变为行动,将行动化为习惯。无论是在家庭还是在公共场合,都要文明消费、节约用餐,避免过度饮食或剩菜剩饭,养成科学的饮食习惯。

5. 爱护公共财物,不破坏校园公共设施,看到损坏的设施应及时向有关部门报告;要有主人翁意识,看到损坏公物的行为应及时劝告并制止。

“历览前贤国与家,成由勤俭破由奢。”节约是一种美德,但更多的是责任。同学们,请立即行动起来,将勤俭节约的理念及行为注入我们的学习和生活当中;从细节出发,点滴汇成江海,断绝浪费源头。让勤俭节约的中华民族优良传统得以更好传承,让厉行勤俭节约、反对铺张浪费在全校乃至全社会蔚然成风!

发布倡议后,班主任带领全班同学宣誓:

从现在起,珍惜每一滴水,节约每一度电,用好每一张纸,不浪费一粒粮食,用好每一分零花钱,珍惜每一天。

宣誓人签名:__________

时间:_____年_____月_____日

环节六:班主任点评

勤俭节约是中华民族的优良传统美德,我们都想把生活过得更美好,但是生活过得更好不是要大手大脚花钱宴请朋友,铺张浪费。相反,我们应该勤俭节约,这才是我们的宝贵财富。通过本次主题班会,希望同学们能够珍惜生活中的点点滴滴,养成良好的习惯,从自己做起,从身边的小事做起。

主题班会结束!

所思、所感、所悟

第十章

感恩教育

导 言

青山感恩大地，方成其高峻；天空感恩飞鸟，方成其壮阔；河海感恩溪流，方成其博大；人只有永存感恩之心，方成其伟大与智慧。

感谢生育你的人，因为他们使你拥有并体验生命；

感谢抚养你的人，因为他们使你不断成长；

感谢关怀你的人，因为他们给你温暖；

感谢鼓励你的人，因为他们给你力量；

感谢帮助你的人，因为他们使你走出挫折；

感谢教育你的人，因为他们祛除你的蒙昧；

感谢珍爱你的人，因为他们让你体会爱情的可贵；

感谢伤害你的人，因为他们坚强了你的心志；

感谢绊倒你的人，因为他们铸就了你的沉稳；

感谢欺骗你的人，因为他们增长了你的智慧；

感谢藐视你的人，因为他们觉醒了你的自尊；

感谢遗弃你的人，因为他们教会了你去自立。

图10-0-1 感恩

谁言寸草心，报得三春晖——感恩父母

<table>
<tr><td>班会背景</td><td colspan="3">人们需要有一颗感恩的心，世界才会充满爱。针对当前同学们存在的这方面问题，特举行“感恩父母”的主题班会。</td></tr>
<tr><td>班会要点</td><td colspan="3">1. 介绍本次主题班会的目的。
2. 欣赏古诗《游子吟》，并谈谈对此诗的感想，引出感恩的主题。
3. 播放搜集的父亲、母亲的图片，让学生认识两个人——父亲、母亲。
4. 展示父母关心爱护儿女的真实故事，让学生讲自己与父母之间难忘或高兴的事情。
5. 播放歌曲《天下父母心》。
6. 同学们总结，班主任点评。</td></tr>
<tr><td>班会准备</td><td colspan="3">1. 准备主持人主持词。
2. 准备精美主题班会课件，包括《游子吟》古诗、父母关心爱护儿女的真实故事、《天下父母心》歌曲等。
3. 每位学生各准备一张父亲、母亲的照片，自己父亲、母亲的照片最好，并提前邀请家长参加本次的主题班会。
4. 准备一件自己与父母之间难忘或高兴的事情和对父母的心灵表白词。</td></tr>
<tr><td rowspan="4">班会目标</td><td>目标类型</td><td colspan="2">目标要求</td></tr>
<tr><td>认知目标</td><td colspan="2">了解父母之爱，感受父母亲情的无私和伟大，懂得为什么要感恩父母。</td></tr>
<tr><td>能力目标</td><td colspan="2">学会理解父母、尊敬父母、体谅父母、关心父母，与父母和谐相处，从现在做起，从点滴做起，以实际的行动来回报父母。</td></tr>
<tr><td>情感目标</td><td colspan="2">感恩父母对自己的付出，养成感恩的良好品质。</td></tr>
<tr><td>班会方法</td><td colspan="3">故事法等。</td></tr>
<tr><td>课　　时</td><td colspan="3">2课时。</td></tr>
<tr><td>班会过程</td><td colspan="3"></td></tr>
<tr><td>时　　间</td><td></td><td>地　　点</td><td></td></tr>
<tr><td>主 持 人</td><td></td><td>班　　级</td><td></td></tr>
</table>

环节一：介绍本次主题班会的目的

同学们，家长们，大家好。首先欢迎各位家长到校参加本次“谁言寸草心，报得三春晖——感恩父母”的主题班会。本次主题班会活动的重点在于让同学们了解父母之爱，感受亲情的无私和伟大，懂得为什么要感恩父母；学会如何理解父母、尊敬父母、体谅父母、关心父母，与父母和谐相处，从现在做起，从点滴做起，以实际的行动来回报父母，同时树立心中有他人、心中有祖国的意识，培养信息搜集、处理能力及组织能力，与父母沟通交流的能力。

环节二：欣赏古诗《游子吟》，并谈谈对此诗的感想，引出感恩的主题

游子吟

[唐]孟郊

慈母手中线，游子身上衣。

临行密密缝，意恐迟迟归。

谁言寸草心，报得三春晖。

图 10-1-1 《游子吟》

欣赏完古诗，请主动谈谈对此诗的看法及感想，引入“什么是感恩”的主题。

全诗共三十字，采用白描的手法，通过回忆一个看似平常的临行前缝衣的场景，凸显并歌颂了母爱的伟大与无私，表达了诗人对母爱的感激以及对母亲深深的爱与尊敬。此诗情感真挚自然，后还被改编成歌曲，千百年来被广为传诵。

我国历来就有“滴水之恩，定当涌泉相报”“羊有跪乳之恩，鸦有反哺之义”“吃水不忘挖井人”等处世信条。在西方，有感恩节，因为很多人相信上帝，他们认为所有的一切都是上天的恩赐，一颗感恩的心使他们的人生充满了希望和色彩，从而创造出生命中一个又一个的高潮。

环节三：播放搜集的父亲、母亲的图片，让学生认识两个人——父亲、母亲

观看完这些照片，想一想：你有没有认真观察父母的变化？有没有帮着父母做家务？有没有和父母静下心来认真交流过？有没有体谅关心父母？有没有真正认识过父母？

环节四：展示父母关心爱护儿女的真实故事，让同学们讲自己与父母之间难忘或高兴的事情

故事1：2008年5月12日，一场突如其来的地震几乎将一个城市化为废墟。抢救人员发现她的时候，她已经死了，是被垮塌下来的房子压死的，透过那一堆废墟的间隙可以看到她死亡时的姿势，双膝跪着，整个上身向前匍匐着，用手着地支撑着身体，有些像古人行跪拜礼，只是身体被压得变形了。救援人员从废墟的空隙伸手进去确认了她已经死亡，又冲着废墟喊了几声，用撬棍在砖头上敲了几下，里面没有任何回应。当人群走到下一个建筑物的时候，救援队长忽然往回跑，边跑边喊“快过来”。他又来到她的尸体前，费力地把手伸进女人的身子底下摸索，他摸了几下高声地喊：“有人，有个孩子，还活着！”

经过一番努力，人们小心地把挡着她的废墟清理开，在她的身体下面躺着她的孩子，包在一个红色带黄花的小被子里，大概有三四个月大，因为母亲庇护着，他毫发未伤，抱出来的时候，他还安静地睡着，他熟睡的脸让所有在场的人为之动容。

随行的医生过来解开被子准备做些检查，发现有一部手机塞在被子里，医生下意识地看了下手机屏幕，发现屏幕上是一条已经写好的短信：“亲爱的宝贝，如果你能活着，一定要记住我爱你。”看惯了生离死别的医生在这一刻落泪了，手机传递着，每个看到短信的人都落泪了。

故事2：60岁的农民父亲将自己的肾脏移植给了患尿毒症的儿子，固执的父亲不

容拒绝地告诉儿子:“没什么比你的命更重要,我宁可自己没命,也不能看着你死!”

(1)提问:从上面的故事里你感受到了什么?

(2)同学们讲自己和父母的故事:父母为我们做了很多很多,讲父母令你最感动或者最难忘或者最高兴的一件事情。

环节五:播放歌曲

播放歌曲《天下父母心》,送给所有父母。

伴随音乐,同学们和自己的家长进行交流,将自己准备好的心灵表白词说给家长听,向家长表示谢意,并给家长大大的拥抱。

环节六:同学总结,班主任点评

(一)同学总结如何感恩孝敬父母

1.了解父母各个方面,如:爸爸妈妈的工作是什么,辛苦吗?爸爸妈妈最喜欢吃的食物是什么?爸爸妈妈的身体健康吗?爸爸妈妈的生日是哪一天?

2.尊重父母,对父母有礼貌,听从父母的正确教导,不当面顶撞父母,不和父母发脾气。

3.生活节俭,无浪费现象,不乱花钱,不向父母提过高要求。

4.做力所能及的家务,减轻父母负担。

5.有心事主动和父母说,经常与父母聊天(多和父母沟通)。

6.碰到一些比较重大的事情,要和父母商量,征求和认真考虑父母的意见。

7.征得父母同意后才外出,应把去向和时间告知父母(参考未成年人保护法)。

8.努力学好各门功课,经常主动向父母汇报自己在学校的学习生活情况,不让父母操心。

9.父母有做得不对的地方,要诚恳地指出(实话实说)。

(二)班主任点评本次主题班会活动

我相信感恩父母的行为不只是同学们在班会上展示的点点滴滴,感恩是一种形式,也是一种积极的人生态度,我们应感恩生活给予我们的一切。“百行孝为先”,这是我们中华民族的优良传统,感恩父母是我们的第一位老师,让我们懂得了生命的真谛,懂得了生命的来之不易。在此,感谢每一位在座的家长朋友们!

主题班会结束!

所思、所感、所悟

第十一章

职业生涯规划教育

导 言

就业不是考试,工作不是爱好!

在学生时代,我们经历过大大小小、不计其数的考试。虽然考试结果有好有坏,但我们在学习的过程中总是以高分为目标,但就业不是考试,没有规定的题目,没有标准的答案,过程展示素质,硕果彰显能力。在学习中做到德、智、体、美、劳全面发展,以水滴石穿的精神日渐精进,练就全面过硬的综合素质,才能勇于面对就业中的困难和挑战。

在我们选择工作的时候是以爱好为第一决策要素,还是以职业生涯规划为第一决策要素呢?

爱好是以个人为中心,是个人的喜爱或生活的方式,而工作是以集体利益和发展为中心,兼顾社会、行业、团队和个人的需要,所以选择工作岗位要符合社会、行业的发展需求,满足团队和个人的发展规划。科学的职业生涯规划和就业观念是成功的开始!

图 11-0-1 职业生涯规划

第一节　提高就业能力，扬起人生风帆

<table>
<tr><td>班会背景</td><td colspan="3">通过职校学习，我们更加了解职业教育人才培养的模式。我们要在跟岗实习中积累生活经验，发现自身的能力欠缺；要全面锻炼，用行动证明我们是职教英才。</td></tr>
<tr><td>班会要点</td><td colspan="3">1．回顾跟岗实习情况。
2．分小组讨论跟岗实习中遇到的困难。
3．整理、提炼职业核心能力要素。
4．编写职业核心能力提升计划。
5．班主任做活动总结，升华班会主题。</td></tr>
<tr><td>班会准备</td><td colspan="3">1．提前写出跟岗实习总结。
2．准备分组名册。
3．准备发言器材。</td></tr>
<tr><td rowspan="4">班会目标</td><td>目标类型</td><td colspan="2">目标要求</td></tr>
<tr><td>认知目标</td><td colspan="2">1．理解职业核心能力要素。
2．掌握职业核心能力提升计划的编写格式。</td></tr>
<tr><td>能力目标</td><td colspan="2">1．会提炼、整理职业核心能力要素。
2．能编写职业核心能力提升计划。</td></tr>
<tr><td>情感目标</td><td colspan="2">团结协作，与同学共同交流、共同进步。</td></tr>
<tr><td>班会方法</td><td colspan="3">专题讨论法等。</td></tr>
<tr><td>课　　时</td><td colspan="3">4课时。</td></tr>
<tr><td>班会过程</td><td colspan="3"></td></tr>
<tr><td>时　　间</td><td></td><td>地　　点</td><td></td></tr>
<tr><td>主 持 人</td><td></td><td>班　　级</td><td></td></tr>
</table>

环节一：回顾跟岗实习情况

图 11-1-1　学好技能 人生之基

按照教育部的要求，职校学生要完成三次实习，分别是认识实习、跟岗实习和顶岗实习。跟岗实习是学习阶段的一门实践课程，一般历时3~6个月。

职校学生都需跟岗实习。在学校教师的帮助和指导下，学生共同努力，90%以上的学生能以优秀的实习成绩为跟岗实习画一个句号。但是因为跟岗实习是我们职教学生第一次亲身经历真实岗位工作，所以每一个学生在实习过程中都会因为职业能力的欠缺，遇到各种不同的困难。

你知道在企业里应该如何请假吗？

与同事、领导的沟通会阻碍你正常工作吗？

合理安排工作与休息的时间会成为你的困难吗？

若需加班或上夜班，都能理解吗？

……

很多问题想都想不过来、算都算不到的，但是一起挺过来后，我们成长了！下面我们一起看看在跟岗实习期间经历了什么……

图 11-1-2　圆满完成实习任务

环节二：分小组讨论，搜集跟岗实习中遇到的困难

4~6人为一个小组，分组讨论在跟岗实习中遇到的困难，并形成书面材料，分小组介绍与展示。

1.分小组讨论,写在海报纸上。

2.以小组为单位上台分享、展示海报内容。

3.将海报张贴在教室墙上。

环节三:整理、提炼职业核心能力要素

每个小组,根据前一环节中搜集的跟岗实习困难问题,书写自我欠缺的职业核心能力。

1.对照跟岗实习困难,找出造成困难的原因。

2.根据造成困难的原因,对照职业核心能力要素,提炼自我欠缺的职业核心能力。

3.以小组为单位上台分享、展示海报内容。

4.将海报张贴在教室墙上。

环节四:编写职业核心能力提升计划

1. 每个小组编写职业核心能力提升计划。

2. 在墙上张贴各小组的职业核心能力提升计划。

3. 所有成员学习各小组职业核心能力提升计划。

4. 抽签互评职业核心能力提升计划。

环节五:班主任做活动总结,升华班会主题

生活是一部永远也读不完的书,更是为人生搭起一个大舞台,我们在上面扮演着各种角色,演绎着各自的酸甜苦辣和喜怒哀乐,曾经迷惘,曾经忧伤,也曾经感动和流泪。为了慰藉心灵,在生活中少走弯路,从容地对待生活中遇到的困难和挫折,多一些有益的人生启迪,我们应学会从容地面对生活、学习中的各种问题,掌握职业核心能力,如此,就能更深刻地理解和把握人生,使人生更加完美。

主题班会结束!

所思、所感、所悟

第二节　转变择业观念，把握人生起航的机会

班会背景	我们在学校的学习只剩下最后一个学期了。我们将踏上人生的初岗，迎接新的挑战——将学习转化为生产力。我们应如何定位自己的第一个岗位呢？稳定起步让我们少经历挫折！	
班会要点	1. 先就业，再择业。 2. 了解行业的发展现状。 3. 了解人才成长通道。 4. 区别爱好与职业。 5. 制作个人简历。 6. 班主任做活动总结，升华班会主题。	
班会准备	1. 搜集成功与失败的就业案例。 2. 搜集行业的发展信息报告。 3. 搜集本行业各岗位人才的成长路径。 4. 准备海报、纸、笔、桌椅、多媒体教室。	
班会目标	目标类型	目标要求
	认知目标	1. 了解行业发展现状。 2. 了解岗位成长路径。 3. 理解爱好与职业的区别。
	能力目标	1. 能做出就业与择业的取舍。 2. 能制作个人简历。
	情感目标	1. 重视就业。 2. 团结协作、共同学习。
班会方法	专题讨论法。	
课　时	2课时。	
班会过程		

时　间		地　点	
主持人		班　级	

环节一:先就业,再择业

有的同学从小就给自己设定从事什么行业工作的目标,有的则是父母希望子女从事某行业,又或是其他原因让我们在心里埋下从事某行业的种子,所以当我们面对就业的时候就会朝着自己的目标去挑选。如果自己的目标和社会的需求刚好匹配,那么恭喜你!但是,当我们的就业目标和社会的需求不一致,应该怎么做出正确的决定呢?建议:先就业,再择业。先按照社会需求找一份稳定工作,解决自己的衣食住行,待行业发展发生变化,社会需求与个人目标一致再跳槽。

图12-2-1　双选会,人生起飞之路

1.我们可以一起看看最近几年学生就业成功的案例。

2.分析优秀学生因为择业观不对而受到挫折的案例。

环节二:了解行业的发展现状

分享上一年度本地区本行业的发展蓝皮书,一起了解行业发展现状,预估今年的人才需求和行业发展趋势。

分小组讨论:

1.今年本行业是上升还是下降趋势?

2.今年行业岗位需求的总量是在增加还是在减少?

3.今年的行业岗位主要在生产加工、技术操作还是配套服务呢?

分小组展示讨论结果,并说明理由。

环节三:了解人才成长通道

1.分享行业的人才需求岗位及岗位能力要求,每个岗位的发展通道。

2.分小组讨论:

(1)我们能胜任哪些岗位?

(2)这些岗位的后续发展方向是哪些?

(3)我自己的优势有哪些?

(4)每个岗位大概的福利待遇情况怎样?

分小组发言:允许补充和提出疑问。

环节四:区别爱好与职业

(一)理解爱好与职业的概念

1.爱好。当人的兴趣不是指向对某种对象的认识,而是指向某种活动时,人的动机便成为人的爱好。兴趣和爱好都和人的积极情感相联系,培养良好的兴趣爱好是推动人努力学习、积极工作的有效途径。

2.职业。职业是职能与行业的统一,具有社会性、规范性、功利性和时代性。

从两者字面的含义不难发现,职业是客观世界和主观能力的统一,是人生活动的主线;而爱好有利于提高职业活动的成功率和质量,更多的是人生活动的辅线。我们可以更好地将爱好融入职业和生活,但不能以爱好作为择业的主要条件。

(二)案例分析

1.爱好唱歌。我们现在无法将唱歌变为职业,但是我们可以将唱歌作为特长,在我们的职业中展示。

2.爱打篮球。我们打不上职业篮球,但是打篮球可以帮助我们增强体质,更好地投入工作。

(三)分小组讨论

分小组讨论,每个小组派代表阐述观点。

曾经有人说过:成功之前做该做的事,成功之后做想做的事。今天我们就业时应该以社会需求为第一依据,明天我们有基础后可以再将爱好做成事业。

环节五:制作个人简历

1.学习个人简历的基本内容。

2.分享经典的个人简历样本。

3.小组制作个人简历并展示。

环节六:班主任做活动总结,升华班会主题

就业不理想的问题根源在于很多学生就业的盲从性,上学时没考虑学什么,没考虑要去哪些行业、做什么工作,到了快毕业时开始到处乱投简历,整个过程缺少规划。如果在校期间就开始关注想去的行业,关注想去的企业,开始提升自己的就业能力,到毕业的时候一定可以脱颖而出。认清自己很重要,大多数学生说不清自己的优势是什么,自己想干什么,能把什么事情做好,因此在毕业之时,就面临着就业和创业压力。不同的观念支配着不同的就业、择业、创业行为,所以一定要树立正确的就业、择业观念和心态。

树立正确的择业观和就业观一定要做到：

1.认清形势，把握就业前景。一定要有危机意识、忧患意识、主动意识，做好准备，珍惜每一次机会，要知道每一个岗位都有无数个竞争者同时和你在竞争。同时要坚信，机会总是垂青有准备的人。所以，我们要实时了解国家、省、市、各地区的就业政策和就业方向；实时了解最新招聘信息、企业所需人才类型和方向；实时了解学校、企业和政府组织的专场招聘会。

2.认识自我，理性思考，合理规划。不要好高骛远、眼高手低，要放下架子，要吃得了苦，不要盲目，不要过分注重眼前利益，不要盲目注重薪资待遇等，要从自身实际情况出发，做长远考虑。要明白自己能做什么，自己想做什么，自己的优势在哪里，自己到企业能够学到什么，对自己以后工作有没有实质性的帮助，自己能为企业带来多大的价值。

3.树立从最底层做起的观念，培养吃苦耐劳精神。小企业的实践机会很多，发挥专长、特长的机会相对较多，提升的空间会比较大。大公司也有拿低工资的人，小公司也有拿高工资的人。所以，在选择企业时不能一味地追求公司规模，而要注重公司的长远发展战略，要考虑自己能学到什么东西，自己能给公司带来什么价值。在工作中，不断提升工作能力和个人综合素养，磨炼自己的意志和斗志，养成良好的工作习惯。

想提升自己，想改善自己的生活质量，想掌握一门真正的技术，想比别人多拿一些工资，想比别人生活得更轻松一些，那么，你就要从底层做起，吃得苦，耐得劳，相信“宝剑锋从磨砺出，梅花香自苦寒来”“皇天不负有心人”，如果你已经认准了自己的人生方向，有了自己的兴趣爱好，就不要犹豫了，路在自己脚下，勇于迈出正确的第一步，以后必将前程似锦。

主题班会结束！

所思、所感、所悟

第十二章

青春期教育

导 言

青春是美好的，也是躁动的，有欢乐，也有烦恼。你们在这个季节成长，也在这个季节成熟。青春如花的你们一定会用知识和汗水，智慧和理想，跨越重重障碍，激流勇进，谱写出一曲嘹亮动人的青春之歌。

青春像一首诗，美丽且绚烂；青春像一缕风，清新而即逝。那么，就让我们共同解读青春的美丽和烦恼吧！

图12-0-1 青春正当时

第一节　花开应有时，分清友情与爱情

<table>
<tr><td>班会背景</td><td colspan="3">每个人，无论男女，到了一定年龄是要谈恋爱，要过家庭生活的。但是，如树上的果子，是熟的好吃，还是生的好吃？人也像果子，要长得成熟，有了学问，会做工作，又有养育子女的能力，就好比果子熟了，那时就可以得到真正的幸福了。要是书还没有学习好，工作能力还没有培养好，谈恋爱会有好处吗？为了帮助同学们正确认识早恋，特举行此次主题班会。</td></tr>
<tr><td>班会要点</td><td colspan="3">1. 案例分享并思考问题。
2. 认识男生女生交往的原则和早恋代价。
3. 情境设置，角色扮演。
4. 总结男生女生正确交往的方法。
5. 播放《同桌的你》，升华班会主题。</td></tr>
<tr><td>班会准备</td><td colspan="3">1. 准备主持人主持词。
2. 搜集关于早恋的案例。
3. 准备《同桌的你》音频。
4. 制作课件。</td></tr>
<tr><td rowspan="4">班会目标</td><td>目标类型</td><td colspan="2">目标要求</td></tr>
<tr><td>认知目标</td><td colspan="2">1. 了解与异性交往的原则。
2. 了解早恋的危害，与异性建立健康的友谊。</td></tr>
<tr><td>能力目标</td><td colspan="2">1. 掌握与异性交往的方法。
2. 与异性交往的过程中，能正确把握尺度。</td></tr>
<tr><td>情感目标</td><td colspan="2">提高自信，与异性正常交往。</td></tr>
<tr><td>班会方法</td><td colspan="3">案例教学法等。</td></tr>
<tr><td>课　　时</td><td colspan="3">2课时。</td></tr>
<tr><td>班会过程</td><td colspan="3"></td></tr>
<tr><td>时　　间</td><td></td><td>地　　点</td><td></td></tr>
<tr><td>主 持 人</td><td></td><td>班　　级</td><td></td></tr>
</table>

环节一:案例分享并思考问题

小丽同学善良、聪明。她爸妈平日工作忙,基本无时间照顾她,她感到很孤独。同班男生小亮阳光、帅气。老师安排小亮坐在小丽后桌,小亮给小丽的第一印象很好。

一次周末放学,两人都没有急着回家,便交谈起来。小丽得知小亮从小生活在单亲家庭中,父亲工作忙,脾气暴躁,平时对小亮非常严格,所以家庭温暖对他来说既遥远又陌生,于是,他们有了一种"同是天涯沦落人"的惺惺相惜之感。渐渐地,他们之间的话越来越多,话题也越来越广,两颗孤独的心很快就走到了一起。后来,两个人的过密交往开始引起同学们的议论,老师也向他们提出了劝告。

问题:你对他们二人的交往有什么看法?是应该继续,还是暂时中断关系?

真情难得,两人不想就此分手,但由于同学和老师都开始注意了,于是他们二人的关系由"公开"转为"地下",他们越走越近,关系越来越亲密。每次周末都要一起做作业、一起出去玩。直到有一天,小亮在家中无人时邀请小丽到家里玩,两个人从聊天到拥抱再到亲吻,后来,小亮甚至向小丽提出了发生关系的要求。

问题:你认为小丽该怎么办,是答应还是拒绝呢?

环节二:认识男生女生交往的原则和早恋的特点、危害

(一)男生女生交往的原则

男生女生之间的交往应该是正常、自然的。面对异性同学,不要"退避三舍",对班集体中某些异性同学之间的正当友谊,也不必胡乱猜疑。现阶段对异性多做了解,建立融洽的朋友关系,对我们的健康成长及对成人以后的交友、爱情和婚姻,都有很大的帮助。其原则是:健康、文明;保持适当距离(公众距离、社交距离、私人空间)。应做到:广而不狭,多留余地;气氛自然,轻松愉快;仪表大方,体态端正;共同活动,避免独处;困惑问题,请教师长;遇到非礼,正当防卫。

在此,赠送可爱的同学们一句话:距离产生美。

图12-1-1 距离产生美

(二)早恋的代价

早恋是纯洁而幼稚的,早恋是酸涩而遗憾的,早恋是一枚包着糖衣的苦果。早恋是单纯、幼稚、非理智的;早恋的人不懂得责任,不懂得透过情爱的面纱客观地评价自己所爱的人的个性品质,不懂得爱情是要有附加义务的,爱情以外的天空依然是广阔的、美好的。

1.中学生早恋的特点。

(1)朦胧性:早恋的青少年对于早恋的发展结局并不明确。他们主要是渴望与异性单独接触,但是对未来组建家庭、如何处理恋爱关系和学业关系、如何区别友谊和爱情都缺乏明确的认识。

(2)矛盾性:有早恋关系的青少年内心也充满了矛盾,既想接触又怕被人发现,早恋的过程是愉快与痛苦并存的。

(3)变化性:早恋关系是一种充满变化和极不稳定的感情关系,青少年之间的早恋关系缺乏持久性,一般不会持续很长时间。

(4)差异性:青少年的早恋行为具有明显的差异性。在行为方式上,有的青少年的早恋行为十分隐蔽,通过网络、电话等方式来传递感情,但有的青少年很公开,在许多场合出双入对。在关系程度上,有的青少年的主要活动是在一起聊天,交流隐秘的感情,从人际关系来看,还没有超出正常的关系,有的则关系发展得很深,除了谈论感情以外,甚至发生性关系。

(5)隐蔽性:早恋的少男少女,一般是不会公开内心的秘密的。有时对自己的知己好友、兄弟姐妹也守口如瓶。早恋之所以有爱的这种隐蔽性,一方面是由于中学生怕招致家长、教师的反对和训斥,同学、朋友、兄弟姐妹们的讥笑和讽刺;另一方面也与少男少女第一次性爱的冲动来临时所产生的不安和"心理闭锁性"有关。

(6)兴奋性和冲动性:青春期常被人们称作是情感的"狂风怒涛"时期,也就是说青春期激情占优势,具有强烈、不稳定、易冲动的特点。与此相应,早恋的中学生往往会对恋人产生强烈的亲近欲望,因而,在与对方相处时,言行、举止常常表现得特别兴奋和冲动。早恋的这种特点常常会导致难以挽回的后果:某些少男少女由于在与对方相处时过于兴奋和冲动,往往会失去理智,将自己完全置于激情的支配下,过早偷食禁果,导致越轨行为。

(7)蒙蔽性:早恋大都穿着"美"的外衣。他们常常在日记或情书中用"千般至善""万般至美"的语言来描述对方,在心目中将对方的风度、外貌、气质、才能等加以美化,认为异性朋友身上的一切都无可挑剔,一旦爱上某人,连对方的缺点似乎也是美好的。这也是人们常说的"情人眼里出西施"。

2. 早恋的危害。

(1)分散精力，影响学业。青少年一旦坠入情网，往往难以克制自己的情感冲动，一旦彼此表达了爱慕之情，便立即亲密地交往起来，常因恋爱占去不少学习时间，分散精力，而严重影响学习。对集体产生了离心力，和其他同学的关系渐渐疏远，会使青少年缩小社交范围。

(2)感情冲动，种下苦果。一时冲动做出越轨的行为，对未成年的当事人来说，无论是对身体还是对心理的伤害都是不言而喻的。

(3)影响班风，不利于集体的健康成长。在学校里，一个班级如果出现了男女学生谈恋爱，会产生种种不良影响。一些人把早恋事件当作课余饭后谈论的焦点，探听恋爱者的行踪和隐私活动，相互传播取笑，转移了学习兴趣和注意力。另外，早恋者的行为表现会成为刺激周围同学的不良诱因。在一个班级里，一旦早恋成风，就会使集体失去凝聚力和战斗力。

(4)缺乏基础，尝不到爱情甜果。青少年的思想未成熟，他们认识不到思想感情的一致是真正爱情的基础，观念、信念、情操是否一致是决定爱情能否成功的最主要因素。经济上未独立，事业上未定向，过早恋爱是不现实的，也是不明智的。学生时代的早恋十有八九不能结出爱情的甜果，而只能酿成生活的苦酒。

(5)给感情生活留下阴影，有可能导致违法犯罪。青春期是一个人价值观形成的重要时期，如果青少年在这一时期无法正确调节由早恋所带来的情绪困扰，则会使个人的价值观产生偏离，比如失恋之后，女生脑子里会存有这样的价值观念——这世界上没有哪个男人是好的，因此严重影响以后的婚姻家庭生活。

教师小结：当发芽则发芽，当拔节则拔节，当结果则结果。不到开花之时勉强开花，花开不香；不到结果之时勉强结果，果实不甜。

环节三：情境设置，角色扮演

创设情境让学生说出自己的应对方式，教师给出较理想的应对方式。

情境1：

男生：今天晚上到我家去玩吧，我爸妈都不在家。

女生：不如多叫几个人吧！

男生：我只想和你在一起。

女生：那我们去游乐场吧！

男生：我不喜欢太热闹的地方。

女生：对不起，今天我还有其他的事情，改天再一起玩吧。

情境2：

男生：我太爱你了，实在无法控制自己，我们发生关系怎么样？

女生：不如你现在去买束玫瑰花送给我吧(趁机离开)。

情境3：

男生：我们彼此相爱，而且都是大人了，还有什么不可以呢？

女生：你有钱买奶粉吗？有钱买尿不湿吗？有钱买钻戒吗？有钱买房子吗？有钱买车吗？如果没有，就不可以。

环节四：总结男生女生正确交往的方法

我们作为学生，在日常生活中应该预防早恋的发生，以便顺利度过这个"暴风骤雨"期而健康成长。

1. 遵循健康、文明的原则。女生在交往过程中举止大方，既不过分夸张也不矫揉造作，像对待同性同学那样对待异性同学。而男生则应自觉，切忌说脏话、粗话。

2. 遵循场所与时间适当的原则。异性同学交往，不可去阴暗偏僻的场所。

3. 保持一定的距离。除了自己最亲密的人之外，每个人都有自己的私人空间，私人空间的大小因人而异，但一般为0.6~1.5米，异性之间的交往更应保持在这样的距离。尽量减少身体的接触，避免一些不当行为的发生。

4. 认识早恋的危害性，对比考虑，认知后果。早恋最严重的危害是严重干扰学习。青少年要把眼光放得远一些，要用理智战胜自己的感情。你能战胜自己就能摆脱早恋。

5. 注意心理卫生。不看不适宜的报刊、影视节目，把精力投入到学习中去，多看一些伟人的传记，培养自己的意志力，树立远大的奋斗目标。

6. 把爱变为动力，把爱转移到学习或生活中去。当有人向你表达爱意，当你对异性萌生爱意时，可以把精力转移到学习上去，用探求知识的乐趣来取代不成熟的感情，保持友谊的纯洁和珍贵。随着时间的推移，你可能会发觉以前的感情有些幼稚，或许在你真正长大时，你会找到更优秀的人！

7. 把爱"窖"起来。爱情同美酒，窖藏时间越长越醇香。等将来走向工作岗位，有了一定的事业，有了一定的经济基础，再把爱"挖"出来，那会是一种什么滋味呢——美、香、甜、醉俱全。

8. 合理宣泄。把恋爱的苦恼写在日记上或告诉自己最信赖的人，以此来减轻内在的心理压力。

9. 女生要做到自尊、自爱，学会保护自己。女生不轻易表达爱慕之情，而男生则应该懂得尊重，不要为了炫耀或是寂寞抑或是想证明自己已经长大、已经成熟而去伤害别人。

环节五：播放《同桌的你》，升华班会主题

主题班会结束！

所思、所感、所悟

第二节　青春期的保健与自我保护

<table>
<tr><td>班会背景</td><td colspan="3">社会环境的复杂化与学校教育的程式化，造成学生在自我保健认识和能力方面的严重欠缺。社会制度给青少年提供了一个光明、健康、积极、向上的社会环境。但是，处于青春期的学生应增强分辨是非美丑的能力，加强自我保健和保护意识。</td></tr>
<tr><td>班会要点</td><td colspan="3">1．学习青春期男生女生保健知识。
2．案例分享，找到应对方法。
3．情境分析，教师讲解应对方法。
4．教师点评，升华班会主题</td></tr>
<tr><td>班会准备</td><td colspan="3">1．准备主持人主持词。
2．搜集社会上发生的性侵害案例。
3．准备生理保健知识材料。
4．制作课件。</td></tr>
<tr><td rowspan="4">班会目标</td><td>目标类型</td><td colspan="2">目标要求</td></tr>
<tr><td>认知目标</td><td colspan="2">1．掌握青春期生理保健知识。
2．了解预防性侵害的相关知识。</td></tr>
<tr><td>能力目标</td><td colspan="2">1．能将青春期保健要点运用到实际生活中。
2．能运用正确的自我保护措施。</td></tr>
<tr><td>情感目标</td><td colspan="2">增强自我保护意识。</td></tr>
<tr><td>班会方法</td><td colspan="3">案例教学法等。</td></tr>
<tr><td>课　　时</td><td colspan="3">2课时。</td></tr>
<tr><td>班会过程</td><td colspan="3"></td></tr>
<tr><td>时　　间</td><td></td><td>地　　点</td><td></td></tr>
<tr><td>主 持 人</td><td></td><td>班　　级</td><td></td></tr>
</table>

环节一:学习青春期男生女生保健知识

(一)男生青春期禁忌

大量临床资料证明,男性的前列腺炎、前列腺增生、睾丸炎、鞘膜积液、遗精、阳痿、不射精、阴茎癌等是折磨众多男性的常见病,青少年时期不注意保护,将遗憾终生。

1. 忌早恋及过早开始性生活:男子在性器官还没有发育成熟时,过早开始性生活,耗损其精,易引起不同程度的性功能障碍。成年后,易发生早泄、阳痿、腰酸、易衰老等。若性生活过频,则易引起性功能下降、前列腺炎、前列腺肥大等。

2. 忌天天穿紧身牛仔裤:医学研究证明,男性生殖系统适宜低温,若男生经常穿牛仔裤,会使局部温度过高,对精子形成不利。因此,男生不宜常穿紧身牛仔裤,尤其是在夏天气候较热时。

3. 忌不讲性器官卫生:包皮过长者,要经常清除包皮垢,因为包皮垢易引起阴茎癌。

4. 忌不经常自我检查:医学研究证明,睾丸癌、阴茎癌之类疾病,早期发现治愈率高,一旦发展到晚期,则不易治愈。

5. 忌经常酗酒:经常饮酒者易患酒精中毒性肝炎和脂肪肝,最终发展成肝硬化。长期饮酒,可引起营养和代谢失调,造成蛋白质、维生素及矿物质供应不足,影响青少年生长发育,容易引起肌肉无力、性发育早熟。酒精对精子有毒害,导致成年后的婚姻质量不高,造成不育和影响胎儿生长发育。

6. 忌吸烟:吸烟有害健康是众所周知的。据世界卫生组织估计,在青少年时期开始吸烟至终生吸烟者,每两名吸烟者必有一人最终死于与吸烟有关的疾病。青少年吸烟还可影响发育,导致记忆力差、精力不集中、学习成绩下降等。

(二)女生青春期注意事项

1. 月经期卫生:月经是女性生殖器官开始成熟的重要标志。女生在月经期抵抗力下降,应做到保持外阴清洁,用温水洗澡,不要坐浴、游泳,防止病菌侵入;要注意保暖,月经期子宫充血,寒冷刺激会引起子宫收缩,造成经血少、经期短,易发生痛经和闭经。不能淋雨、涉水,不能用冷水洗头、洗澡;不能参加剧烈运动,防止月经失调等症状;要保持心情舒畅,情绪稳定、乐观,不要焦躁不安,防止月经紊乱;要注意饮食卫生,多喝开水,不要吃辛辣、生冷食物,防止经血过多,要适当吃些营养丰富的蛋类、肉类,防止贫血;要注意卫生巾质量,要勤洗澡,勤换内裤,不要穿过紧的化纤内裤;生活要有规律,要劳逸结合,保证充足的睡眠,过度疲劳,会引起子宫收缩,导致经期延长;青春期刚开始的一年内，可能出现月经不规律，有时伴有头痛、背痛、腰酸等不适，无须有太多顾虑，以后会自然调整，一些严重痛经、月经不调者可以就医。

2. 乳房保健：要经常清洗乳房；不要束胸，不要穿过紧的内衣，要戴舒适、合体的乳罩，以支持乳房的正常发育；要避免外力碰撞、挤压、损伤乳房的周围组织，同时不能俯卧睡眠；不要节食、偏食，要补充蛋白质等。

3. 个人卫生：经常用温水清洗外阴；清洗外阴的盆、毛巾和水要单独使用，不能与洗脚的盆、毛巾和水混用；不要穿别人的内裤，自己的内裤要选用透气性好、吸湿性强的棉织品；养成大便后用纸从前往后擦的习惯，预防肛门口的细菌进入阴道；注意经期卫生；若白带量多，又有异味或有血色时，要及时去医院检查治疗。

环节二：案例分享，找到应对方法

案例1：小兰，17岁，在校女生，一次在网吧上网聊天时，结识了袁某。袁某在一通胡侃之后，凭着三寸不烂之舌，没几个回合便点燃了小兰的芳心，并热情邀请小兰到商贸城见面。不谙世事的小兰信以为真，欣然应允赴约。双方见面后，袁某惊呼"相见恨晚"，用摩托车载着她到附近的饭店喝酒。席间，袁某频频向她敬酒，至次日凌晨1时许，小兰已喝得醉醺醺。此时，袁某装出热情关照的样子，将她带到城北的一家旅社开房，并将其强奸。

案例2：2014年8月，女大学生高某错上陌生人的车。在她失联11天后，家人从公安处得知她已被害。根据犯罪嫌疑人蒲某交代，在打车途中他和高某发生争执，将其杀害后潜逃。

1. 女生预防性侵害方法

女生要穿着得体，举止端庄，尽量不单独待在偏僻的地方，尽可能避免在黑夜单独外出，不随便出入电子游戏机房、台球厅、歌舞厅、酒吧、网吧等场所，这些场所往往是性侵害者的"聚集地"和"狩猎场"。不轻易相信陌生人，不吃陌生人递过来的食物、饮料；不接受陌生人送的钱财、礼物，不要搭乘陌生人的便车；遇有驾车的陌生人问路，要与车身保持一定的距离。独自在街上行走，发现被坏人盯上时，要设法迅速摆脱。除非迫不得已，尽量避免与坏人正面对抗。一个人在家时关好门，有人敲门时，开门前应问清来者是谁，不要轻易让外人进屋，即使是你比较熟悉的人。不饮酒，饮酒过量会影响人的正常思维。与异性朋友相处时，对一些不合理、违背自己意愿的请求，要勇敢说不，坚决拒绝。性侵犯者并不局限于陌生人。许多性侵犯者是受害者熟悉的人，他们可能是邻居、朋友、同学、老师、父母的朋友或其他熟悉的人，甚至是自己的亲戚和家人。不论侵犯者是谁，无论以什么理由进行，都是错误的、不合理的行为。我们的身体属于自己，任何人都没有权利伤害。

2. 自我防卫的方法

呼叫法：适时大声呼救，求得他人的援助，可“借势化力”，避免伤害。

周旋法：假装恐惧，隐藏自己的真实意图，巧妙周旋，使歹徒产生错觉，抓住时机逃离。

腹击法：若脖子被歹徒勒住，速用拳头或手肘猛击歹徒的腹部，可使其松手；或者用手抓、捏、掐、扭和用脚踢其要害部位。

蹬跺法：用鞋跟猛蹬歹徒的胫骨部或用力跺歹徒的脚。

扭指法：遇到歹徒将自己勒住或抱住时，速将其小指捏住，用力向外侧扳，使之松开。

戳喉法：五指合拢并伸直，用指尖或掌侧猛戳歹徒的喉咙。

提膝法：靠近歹徒时，提膝向其胯下或裆部、小腹处猛击。

击眼法：两指叉开呈“V”形，使劲戳其眼睛；或用沙子、石灰等向其眼睛撒过去。

口咬法：在不得已时，可咬住歹徒的舌头、鼻子、嘴唇、耳朵或手指等。

头撞法：与歹徒靠近时，可用头部撞击歹徒的胸、腹和头等重要部位；用头从下往上，突然顶其下巴，让其失去重心。

3. 不幸被强奸之后怎么办

尽力使自己镇静下来，不要感到羞耻、自责，尽快将发生的一切告知亲人或最信赖的人，以减轻心理负担。在亲人的帮助下找医生取证（取证之前不要洗澡），取证的内容包括：毛发、精斑、体液、抓痕、现场遗留物等。最好立即拨打110报警。如身体受到重伤，报案与急救要同时进行，除治疗内外伤、紧急避孕外，还要采取必要的措施防止性病、艾滋病的感染，尽力把伤害降到最低。积极寻求心理援助。强奸是一种极具伤害性的经历，事发后一系列的负面情绪如害怕、焦虑等会让人备受折磨，因此受害者要积极向父母、亲人、心理救助机构或朋友倾诉，尽早从痛苦中走出来。

环节三：情境分析，教师讲解应对方法

情境1：女生贝贝，爱好上网聊天，结交了许多网友。有一个网名叫“风过无影”的帅哥温柔体贴、含情脉脉，深得贝贝的好感。贝贝喜欢和对方聊天，每晚总会在网上“见面”。周末到了，这个网友邀请贝贝出来见面。同学们，假如你是贝贝，该怎么办？

防范措施：不要轻易见网友。如因迫不得已，不穿太紧身暴露的衣服，言谈举止不可过于放纵，要选择人多的公共场合。外出之前应该告知家人或朋友自己的行踪，切不可去宾馆或偏僻处单独见面。

应对方法：当看到对方用暧昧下流的眼光打量自己的时候，装作若无其事，然后找话题抽身闪人。当对方提出去比较隐蔽的场所时要明确拒绝，如果对方有强迫的趋向，千万不可碍于情面而顺从，应大声呼救并迅速离开。约会过程中不可借出自己的贵重物品。

情境2：刘某，男，48岁，某校教师，因强奸猥亵女学生被警方刑事拘留。据受害女生陈述，刘某总是叫女同学在中午或下午放学时到其寝室去解答“难题”，趁其不备进行猥亵甚至强奸。

防范措施：不单独与男教师相处，尤其是不可去其住处。对平时流露出一些异样眼光和不当举止的老师应该加以提防。

应对方法：如果必须去男老师住处，应叫人一起陪同或事先告诉他人。跟老师见面后要在言语中透露：“我来这里是有人知道的，某某等下会来找我。”若发生异常情况，要严厉制止其行为，义正词严地训斥他，并以告诉校长及报案等警告，并迅速冲出房间。

情境3：小丽今年16岁，生活在一个单亲家庭里，父母离异多年，她从懂事起就跟随母亲生活。不知道从什么时候起，34岁的已婚男邻居郑某开始对小丽非常“关心”和“爱护”，有时还会给她一些零花钱。这天放学，郑某以给小丽好东西为由将其骗至自己家中，关上门后，郑某露出了真面目，小丽挣脱不掉被其残忍地强暴。事后，郑某告诉小丽，不能把这件事说出去，不然人人都看不起她，将来更会没人要。随后，他领着小丽吃了一顿肯德基。过了半个月，他又故技重施，把小丽领回家。而可怜的小丽，就在沉默中承受着他一次次的暴行……

防范措施：不要随便接受别人送的钱财、礼物，不随便搭乘便车，对年纪大的男人同样要防范，不要听任何甜言蜜语和哄骗。

应对方法：只要觉得对方的举动使你不舒服，就要在当时做出恰当的反应。用全身心来表现你对被侵犯的反感。记住要当面说清你的不悦，明确拒绝对方，请对方尊重你，也尊重自己。

环节四：教师点评，升华班会主题

青春的风是美好的，青春的风也是凛冽的。青春的风，每个人都曾被它吹拂过；青春的你，要在风中站稳脚跟。你要自尊、自爱、自强、自信，做青春的主宰者，像刚刚升起的太阳，前面是望不尽的一片蔚蓝；青春，像刚刚冒尖的嫩芽，前面是看不完的青春灿烂；青春，像初离源头的潺潺小溪，憧憬着大海的波浪滔天；青春，像茁壮成长的马驹，在万里征途上驰骋。

同学们，让我们勇敢地展开双臂，去迎接那闪光的年华！

主题班会结束!

所思、所感、所悟

主题班会活动方案拓展样案